Aristoteles · Protreptikos

Der Protreptikos des Aristoteles

Text, Übersetzung, Kommentar

Herausgegeben von
Ingemar Düring

KlostermannRoteReihe

Bibliographische Information der Deutschen Nationalbibliothek

Die Deutsche Nationalbibliothek verzeichnet diese Publikation in der Deutschen Nationalbibliographie; detaillierte bibliographische Daten sind im Internet über *http://dnb.dnb.de* abrufbar.

3., unveränderte Auflage 2014
2. Auflage 1993

Gedruckt auf Eos Werkdruck der Firma Salzer.
Alterungsbeständig gemäß DIN ISO 9706
Druck und Bindung: docupoint GmbH, Barleben
Printed in Germany
ISSN 1865-7095
ISBN 978-3-465-04209-9

INHALT

Einleitung

Die Rekonstruktion der Schrift[1]

Wenn wir von den erhaltenen Verzeichnissen der Schriften des Aristoteles absehen, besitzen wir nur zwei Texte aus dem Altertum, in denen sein Protreptikos ausdrücklich erwähnt wird. Laut Alexander von Aphrodisias[2] stellt Aristoteles in dieser Schrift die Frage, ob eine philosophische Lebenshaltung für das Lebensglück und für das rechte Leben notwendig sei oder nicht. Er habe die Notwendigkeit des Philosophierens mit dem Hinweis bewiesen, daß auch derjenige, der gegen die Philosophie argumentiert, eben damit schon philosophiere. Das Hauptanliegen des Aristoteles war also, den sokratischen Satz[3] ὁ ἀνεξέταστος βίος οὐ βιωτὸς ἀνθρώπῳ zu verteidigen und mit neuen Argumenten aus seiner eigenen Lebensanschauung zu erhärten. Der zweite Text stammt von dem Stoiker Zenon[4], der folgendes erzählt: „Krates (von Theben, sein Lehrer) las in einer Schuhmacherwerkstatt den Protreptikos des Aristoteles vor, den dieser dem König Themison von Zypern dedizierte und in dem er sagte: ‚Niemand hat bessere äußere Voraussetzungen als du, um sich der Philosophie zu widmen, denn du bist reich, so daß du darauf Geld verwenden kannst, und du bist auch hoch angesehen.' Der Schuster setzte seine Arbeit fort, hörte aber hin, als Krates las. Da sagte dieser: ‚Ich glaube, Philiskos, ich werde dir einen Protreptikos dedizieren, denn ich sehe, daß du bessere Vor-

[1] In dieser Einleitung fasse ich zusammen, was ich in meinem Buch „Aristotle's Protrepticus. An attempt at reconstruction" (Studia Graeca et Latina Gothoburgensia 12, Göteborg 1961) gesagt habe. Der griechische Text ist mit drei Ausnahmen derselbe, wie in meiner Ausgabe: B 12 <καὶ>, B 52 <τὸν> und B 55 μηδενὸς statt μήτε. Die deutsche Übersetzung wurde zuerst in meinem Buch „Aristoteles. Darstellung und Interpretation seines Denkens" (Carl Winter Universitätsverlag. Heidelberg 1966) veröffentlicht. Sowohl die Einleitung als auch der Kommentar sind größtenteils diesen früheren Darstellungen entnommen. Natürlich habe ich die seither erschienene Literatur zur Diskussion aufgenommmen.

[2] Test. A 2–8. B 6.

[3] Apol. 38 a, vgl. B 110.

[4] Test. A. I.

aussetzungen für ein philosophisches Leben hast als jener, dem Aristoteles seine Schrift dedizierte.'" Die Pointe der Geschichte ist einleuchtend. Der Zyniker Krates wollte sagen, daß ein armseliger Schuster zu einer philosophischen Lebenshaltung besser befähigt sei als ein reicher Mann in einer verpflichtenden Lebensstellung. Die Geschichte mag er erfunden haben, er würde sie jedoch nicht erzählt und Zenon sie nicht wiederholt haben, wenn der aristotelische Protreptikos in der letzten Hälfte des IV. Jahrhunderts nicht allgemein bekannt gewesen wäre.

Es gibt keine anderen direkten antiken Zeugnisse für griechische Fragmente aus dem Protreptikos als diese zwei, also keine Texte, in denen es heißt, Aristoteles sage so oder so im Protreptikos. Vor genau 100 Jahren stellte J. Bernays in seinem mit Recht berühmten und noch lesenswerten Buch über die Dialoge des Aristoteles zum ersten Mal die Frage nach Inhalt und Zweck der Schrift zur Diskussion. Damit begann das Aufspüren von Texten, in denen man einen Nachhall des aristotelischen Protreptikos zu finden glaubte. Den wichtigsten Beitrag lieferte I. Bywater[5]; er führte den Nachweis, daß ein Abschnitt aus dem Protreptikos des Neuplatoniker Iamblichos ziemlich umfangreiche Exzerpte aus der gleichnamigen Schrift des Aristoteles enthält. Seitdem haben zahlreiche Gelehrte an der Interpretation dieser Fragmente gearbeitet[6]. Seit 1923 sind W. Jaegers Interpretation der Fragmente und die von R. Walzer herausgegebene Fragmentsammlung der Ausgangspunkt für die wissenschaftliche Diskussion der Frage gewesen[7].

Jaeger glaubte, daß Aristoteles bis zum Tode Platons ein treuer Anhänger und Verkünder der platonischen Philosophie war. Von dem, was Aristoteles während der zwanzigjährigen Akademiezeit schrieb, besitzen wir nach Jaegers Ansicht einige Fragmente der Dialoge, besonders die des Eudemos und die Fragmente des Protreptikos. Diese Mahnrede zur Philosophie sei eine Programm-

[5] On a lost dialogue of Aristotle, Journ. of Philology 2 (1869) 55–69; grundlegend; auf diesen Texten baute Jaeger seine Rekonstruktion auf.

[6] Die Geschichte der Forschung ist ausführlich und zuverlässig behandelt von W. G. Rabinowitz, Aristotle's Protrepticus and the sources of its reconstruction, I, Berkeley 1957, 1–22, und von E. Berti La filosofia del primo Aristotele, Padova 1962.

[7] W. Jaeger, Aristoteles, 1934, 53–102. R. Walzer, Aristotelis dialogorum fragmenta. Firenze 1943, nachgedruckt 1962.

schrift der Akademie, eine Verkündigung des platonischen Lebensideals und des Weges zu ihm. Die junge Generation in der Akademie sähe jedoch den βίος θεωρητικός unter einem anderen Blickwinkel als Platon. Trotz seiner Bemühungen, eine philosophische Lebenshaltung zu verwirklichen, hätte Platon mit seiner eigenen Philosophie auf das praktische Leben gezielt und wollte reformierend in die Wirklichkeit eingreifen. Die junge Generation suchte den Wert des Lebens im Inneren, im Glück der reinen θεωρία. Das ursprünglich so reformfreudige platonische Ideal hätte bei Aristoteles eine Wendung ins Kontemplativ - Religiöse erhalten. Im Protreptikos stehe Aristoteles auf dem Boden einer anderen Metaphysik[8] als in den Lehrschriften. Alles Wesentliche in der Schrift sei platonisch, nicht nur im Sprachgebrauch[9], sondern auch der Sache nach. Die platonische Ideenlehre sei mit deutlichen Worten wiedergegeben, und mehrfach erwähne er im Protreptikos Platons Auffassung der Ideen als Zahlen. Das platonische Methodenideal einer Ethik *more geometrico* herrsche im Protreptikos unbestritten[10].

Die Ansicht, daß Aristoteles in den Dialogen und im Protreptikos Platoniker sei und erst nach Platons Tod und, wie Jaeger meint, nach einer inneren Krise in seinem Leben Aristoteliker wurde, hat weder in den Schriften des Aristoteles selbst eine Stütze noch in der antiken biographischen Tradition. Es ist irrführend, den Protreptikos als Jugendschrift zu bezeichnen. Als Aristoteles den Protreptikos schrieb, hatte er bereits mehr als 15 Jahre als Forscher und Lehrer in der Akademie zugebracht.

[8] Aristoteles 35: „Auf jeden Fall steht die Tatsache der Heterodoxie dieser Schriften (= Eudemos und Protreptikos) unzweifelbar fest." Vgl. I. Düring, Did Aristotle ever accept Plato's theory of transcendent Ideas?, AGPh 48 (1966) 312–316.

[9] Vgl. E. de Strycker, Concepts-clés et terminologie dans les Topiques 142 (Aristotle on dialectic, Proceedings of the Third Symposium Aristotelicum, Oxford 1968): „Bon nombre de concepts qui constituent l'armature de sa pensée sont déjà parfaitement formés; et la terminologie est, dans son ensemble, celle des grands traités classiques." Die Topik wurde etwa zehn Jahre vor dem Protreptikos geschrieben.

[10] Eine erstaunliche Behauptung. Jaeger muß natürlich fr. 5a Walzer (= B 39 Düring) gelesen haben, in dem ὁ φρόνιμος als κανών und ὅρος ἀκριβέστερος bezeichnet wird. Er erwähnt diese wichtige Stelle nur in einer Fußnote S. 253.

Obgleich die Gelehrten nach Jaeger um die Interpretation des Protreptikos in Einzelheiten verschiedener Meinung sind[11], stellen sie nicht den aristotelischen Ursprung der von Iamblichos und Stobaios (auch in pap. Oxyrh. IV 666) überlieferten Fragmente in Frage. Dies tut aber W. G. Rabinowitz in der oben erwähnten Abhandlung von 1957. Er geht von der These aus, daß wir für die Rekonstruktion nur solche Texte verwenden dürfen, in denen sowohl der Titel des Protreptikos als auch der Name des Aristoteles ausdrücklich erwähnt werden. Wer mit den Prinzipien der Quellenkritik vertraut ist, sieht sofort, daß Rabinowitz' These unhaltbar ist[12]. Auch wenn Iamblichos gesagt hätte: „So schreibt Aristoteles im Protreptikos", hätte uns das nicht von einer Prüfung des aristotelischen Ursprungs befreit.

Es ist merkwürdig, daß man fast hundert Jahre lang die von Bywater entdeckten Exzerpte diskutiert hat, ohne daß jemand die Texte systematisch untersucht hätte, um festzustellen, ob sie in Wortschatz, Stil und gedanklichem Inhalt mit den unzweifelhaft echten Schriften des Aristoteles übereinstimmen. In meinem oben erwähnten Buch über den Protreptikos habe ich die Ergebnisse einer solchen Untersuchung vorgelegt. Der Text, der als Exzerpt aus Aristoteles anerkannt wird, umfaßt etwa 6400 Wörter; der Wortindex verzeichnet etwa 700 verschiedene Wörter; von diesen sind nur 12 in unzweifelhaft echten Schriften des Aristoteles nicht belegt; es handelt sich aber in sämtlichen Fällen um gewöhnliche Wörter, die wir entweder bei Platon oder bei zeitgenössischen Verfassern finden. Noch wichtiger ist aber, daß sich der Stil bis in die kleinsten Einzelheiten hinein als gut aristotelisch erwiesen hat. Besonders einleuchtend ist ein Vergleich mit solchen Abschnitten,

[11] Die umfassende Literatur zum Protreptikos verzeichnen Düring a. a. O. 290–295 (bis etwa 1960), Berti a. a. O. in den Fußnoten 453–543 (bis etwa 1961) und G. Schneeweiss, Der Protreptikos des Aristoteles, Diss. München 1966. Von den frühen Kritikern der Entwicklungstheorie Jaegers nenne ich hier nur zwei: A. Mansion, Introduction à la physique aristotélicienne, 2. éd. Paris 1945 (und in einer Reihe früherer Arbeiten verzeichnet von Berti a. a. O. 41), ferner E. Frank, The fundamental opposition of Plato and Aristotle, AJPh 61 (1940) 34–53, wiederholt in Wissen – Wollen – Glauben, Zürich 1955, 86–119.

[12] Vgl. die ertragreiche Besprechung von W. Spoerri, Gnomon 32 (1960) 18–25. Meines Wissens hat kein Rezensent Rabinowitz' These gebilligt.

in denen Iamblichos vielleicht Material aus Aristoteles benützt. aber nicht wörtlich zitiert. In diesen Paraphrasen tauchen unaristotelische Ausdrücke auf, bisweilen auch unaristotelische Gedanken. Gewisse Ausdrücke, die Iamblichos wiedergibt, deuten darauf hin, daß er lange Stücken wörtlich exzerpiert hat: λέγομεν (B 42), ὅνπερ καὶ νῦν ἐλεύθερόν φαμεν (= wir in der Akademie) βίον εἶναι (B 43), ἐροῦμεν, εἴπομεν usw. (B 37, 77, 88), οἶμαι (B 62, 70, 103, 105), ὡς ἔοικε (B 102), ἀποδώσει σοι λόγον (B 12). Wichtig ist auch, daß man in den als echt bezeichneten Fragmenten, die für Aristoteles charakteristische Methode der Argumentation erkennen kann[13]. Das Ergebnis der sprachlichen und stilistischen Untersuchung war also eindeutig: der Protreptikos des Iamblichos enthält wörtliche Exzerpte aus einer oder mehreren, von Aristoteles selbst veröffentlichten[14] Schriften. In einem sehr interressanten Aufsatz[15] kommt H. Flashar zum folgenden Ergebnis: „Der Protreptikos des Iamblichos enthält Exzerpte sowohl aus dem Protreptikos des Aristoteles als auch aus anderen exoterischen Schriften, die von Iamblichos für seine Zwecke verkürzt und arrangiert, aber nicht verfälscht und nicht mit Platonstellen vermischt sind. Es liegt in der Natur der Sache, daß sich diese Auffassung nicht stringent beweisen, sondern nur wahrscheinlich machen läßt. Denn wir besitzen den von Iamblichos exzerpierten Aristotelestext nicht. Eben darum ist uns auch ein für allemal die Möglichkeit genommen, den Aufbau des aristotelischen Protreptikos zu rekonstruieren. Die Rekonstruktion Dürings ist die sinnvollste, die sich erreichen läßt, wenn man als Arbeitshypothese zugrunde

[13] Z. B. B 17, B 70–77. Auch seine Vorliebe für sprichwörtliche Redensarten, B 4.

[14] Man nennt gewöhnlicherweise diese Schriften „exoterisch". Im Prinzip bedeutet ἐξωτερικοὶ λόγοι alles, was außerhalb des eigentlichen Schulbetriebes in der Akademie fällt. Besonders einleuchtend ist Eth. Eud. I 8, 1217 b 22. Hier unterscheidet Aristoteles die λόγοι ἐξωτερικοί und die λόγοι κατὰ φιλοσοφίαν. Dieser präzise Ausdruck gestattet m. E. nur eine Deutung, nämlich, daß die einen „nichtwissenschaftlich", die anderen „streng wissenschaftlich" sind. Aus ἔξω geht hervor, daß er auf Schriften oder Argumente verweist, die außerhalb der φιλοσοφία, d. h. der Wissenschaft liegen. Vgl. Düring, Aristoteles 555–557.

[15] H. Flashar, Platon und Aristoteles im Protreptikos des Iamblichos, AGPh 47 (1965) 53–79. Ich komme im Kommentar mehrfach auf Einzelheiten in diesem gehaltvollen Aufsatz zurück. Vgl. auch R. Stark, GGA 217 (1965) 60.

legt, daß der aristotelische Protreptikos die einzige Quelle für die aristotelische Partie im Protreptikos des Iamblichos ist."

Die einzige ist er nicht, aber die Hauptquelle. Dies verbleibt meine – natürlich unbeweisbare – Arbeitshypothese, und ich habe ausdrücklich meine Rekonstruktion als einen „Versuch zur Rekonstruktion" bezeichnet. Für die Wahrscheinlichkeit meiner Hypothese sprechen folgende Gründe. Wir kennen keine andere Schrift des Aristoteles, die ausgesprochen protreptisch ist. Flashar glaubt, daß Iamblichos (oder seine Vorlage) den aristotelischen Dialog Politikos exzerpiert hat. Von diesem Dialog besitzen wir ein winziges Fragment, überliefert von Syrianos, dem Lehrer des Proklos. Sonst ist der Inhalt und die Tendenz des Dialogs uns völlig unbekannt. Der durch Iamblichos und pap. Oxyrh. 666 wiedergewonnene Text ist einheitlich und klar protreptisch und so umfangreich, daß man eine fortschreitende Gedankenentwicklung und wenigstens annäherungsweise die Disposition rekonstruieren kann. P. Moraux[16] hat festgestellt, daß in den aristotelischen Lehrschriften ein „Buch" gewöhnlicherweise etwa 750–800 Zeilen mit je 36 Buchstaben umfaßt, ausnahmsweise mehr. Die von mir als echt anerkannten Fragmente des Protreptikos umfassen etwa 800 solcher Zeilen. Das spricht dafür, daß wir den größten Teil der Schrift besitzen. Mit vollkommener Sicherheit kann man Anfang und Ende erkennen. In B 1-5 wendet sich Aristoteles an den Adressaten Themison mit der Ermahnung, sich der Philosophie[17] zu widmen; er habe günstige Voraussetzungen, denn er sei reich, so daß er wohl angesehene Lehrer berufen könne, und seine hohe Stellung sei verpflichtend[18]. Die *peroratio* B 108–110 läuft auf die rhetorische Klimax hinaus: „Also muß man entweder philosophieren oder dem Leben adieu sagen und von hier weggehen, denn alles übrige scheint nur ein großer Nonsens und ein leeres Geschwätz zu sein." Die Disposition der zwischen Anfang und Ende

[16] P. MORAUX, Les listes anciennes des ouvrages d'Aristote, Louvain 1951, 192–193.

[17] Die Wörter φιλοσοφεῖν, φιλοσοφία, die im Protreptikos so gewöhnlich sind, sollen wir nicht so technisch auffassen, wie man meistens heute tut, sondern eher als Ausdrücke für Aneignung von intellektueller Bildung, vgl. ψυχὴ πεπαιδευμένη B 2 und Staat 475c.

[18] Es ist allgemein anerkannt, daß der unter dem Namen des Isokrates überlieferte, an Demonikos gerichtete Protreptikos eine Nachbildung des aristotelischen Protreptikos ist. Der Verfasser dieser Schrift schildert die Überlegenheit der ἀρετή über τὰ ἐκτὸς ἀγαθά und

fallenden Stücke können wir natürlich nicht mit Sicherheit feststellen[19]. In vielen Lehrschriften folgt Aristoteles einem auch in Platons Dialogen benutzten Schema, das man als sukzessive Approximation[20] bezeichnen kann. Von einem bestimmten Ausgangspunkt her verfolgt er einen Gedankengang bis zu einer Schlußfolgerung; dann nimmt er einen anderen Ausgangspunkt[21] und verfährt in derselben Weise, nach mehreren solchen Approximationen zieht er die Fäden zu einer endgültigen Definition oder Schlußfolgerung zusammen. Das führt zuweilen zu Wiederholungen. Wahrscheinlich hat er dieses Schema auch im Protreptikos benutzt, mehr können wir nicht sagen. Flashar und andere Gelehrten haben meine Aufspaltung des Textes in kleine Stücken (B 1-110) kritisiert. Man ziehe einen zusammenhängenden Text vor. Die Aufspaltung ist einzig und allein von praktischen Gründen motiviert. Sie erleichterte wesentlich die Herstellung meiner Ausgabe; auch für die kommende Forschung ermöglicht diese Aufspaltung, eine Stelle im Protreptikos leicht zu zitieren. Die Methode ist ja in Ausgaben mancher antiken Autoren wohlbekannt. In meiner Ausgabe habe ich unter dem Titel „Related texts" Stellen aus Platon oder aus den Lehrschriften des Aristoteles wiedergegeben, numeriert C 1-110. In einem Appendix verzeichne und kommentiere ich eine Anzahl Texte (App. 1–75), die von verschiedenen Forschern dem Protreptikos zugewiesen sind.

Disposition und Grundgedanken der Schrift

1. Dedikation. Exposition des ersten Hauptthemas. Lebensglück besteht darin, daß man sich in guter Seelenverfassung befindet[22]. Der Besitz äußerer Güter ohne moralische Prinzipien und Klugkeit ist ein Übel. B 1–5.

stellt das Bildungsstreben des Adressaten als eine ihm durch die dafür günstige Lebensstellung auferlegte Pflicht dar. Vgl. DÜRING, Protrepticus 176 und 226; W. SPOERRI a. a. O. 20. Es ist ebenfalls klar, daß Epikuros in seinem Brief an Menoikeus, besonders in den Schlußworten, von dem aristotelischen Protreptikos beeinflußt ist.

[19] DÜRING, Protrepticus 37.

[20] Der Ausdruck zuerst von A. MANSION geprägt.

[21] ἄλλην ἀρχὴν ποιησάμενοι.

[22] Vgl. Apol. 30 B. Zu diesem Thema kommt Aristoteles mehrfach zurück, vgl. B 52, 68, 93–96.

2. Φιλοσοφεῖν bedeutet zweierlei: teils die Frage zu stellen, ob man überhaupt philosophieren soll, teils sich der Philosophie zu widmen. Das zweite Hauptthema ist, die Unumgänglichkeit und den Wert des Philosophierens für das politische und praktische Leben aufzuzeigen[23]. Körperliche Dinge sind nur Werkzeuge. Wir müssen danach streben, jene Art von Wissen zu erwerben, die uns hilft, diese Werkzeuge recht zu gebrauchen.

Die Argumentation verläuft in mehreren Schüben. a) Dinge entstehen durch τέχνη, φύσις oder τύχη. Die Irreversibilität des Werdeprozesses γένεσις – αὔξησις – τέλος – φθίσις – φθορά, der Grundgedanke in der Teleologie des Aristoteles. Die Naturprodukte sind schön, falls der natürliche Prozeß normal vor sich geht. Die Stufenleiter der Natur. Von Natur aus ist es das höchste Ziel des Menschen, die Geisteskraft, die wir Klugheit oder Weisheit nennen, zu erlangen. B 11–21. – b) Von der Natur her gibt es verschiedene Stufen des Denkvermögens. Die Stufenleiter ist zugleich eine Wertskala. Am höchsten steht das Denken, das um seiner selbst willen betrieben wird. In der Natur herrscht Ordnung; sie ist vernünftig und tut nichts zufällig[24]. B 22–30. – c) Eine philosophische Lebenshaltung ist keineswegs ein unerreichbares Ziel. Die Schwierigkeit, sie zu erwerben, ist weit geringer als der Nutzen, den sie gewährt. B 31. – d) Es gibt wirklich eine Wissenschaft vom Gerechten ebenso wie eine Wissenschaft von der Natur und dem sonst noch wahrhaft Seienden[25], und wir sind fähig, uns beide anzueignen. In der Natur ist es einfacher, das Primäre und Einfache zu erkennen als alles andere, denn alles andere ist aus diesen Elementen aufgebaut. Was gut ist, ist auch determiniert und geordnet (ὡρισμένον, τεταγμένον). Das wichtige ist Strukturerkenntnis, d. h. Kenntnis der Grundfaktoren (αἴτια καὶ στοιχεῖα). Das Prioritätsverhältnis: vom Einfachen zum Komplizierten. Neben den anderen Wissenszweigen gibt es ein Wissen von der Trefflichkeit der Seele (τῆς περὶ ψυχὴν ἀρετῆς ἐπιστήμη). B 32–37. – e) Der Besitz von Geisteskraft und Erkenntnis ist das höchste aller Güter, denn wer

[23] Vgl. besonders die Schlußfolgerungen in B 46–51.

[24] ὥσπερ ἔχουσα λόγον οὐθὲν μὲν εἰκῇ ποιεῖ, wieder ein Kernsatz der aristotelischen Philosophie. B 23. Über den aristotelischen Begriff θεωρία, vgl. DÜRING Aristoteles 469–473.

[25] Es handelt sich nicht um eine Dreiteilung, wie JAEGER Aristoteles 86 behauptet, sondern um Ethik und Physik im aristotelischen Sinne.

kann für uns ein genauerer Maßstab und Richtpunkt des Guten sein als der Einsichtige? Man muß den Unterschied zwischen dem Guten und dem Notwendigen kennenlernen. Auch wenn sich der Besitz von Geisteskraft nicht als nützlich für das praktische Leben erweisen würde, wäre sie um ihrer selbst willen wertvoll. B 38–44. Rekapitulation der Argumentation, die die Zweckbestimmtheit der Natur (B 11) als Ausgangspunkt hatte. B 45.

3. Tatsächlich ist aber theoretische Einsicht in die Anfangspunkte des Denkens[26] nützlich für das praktische Leben. a) Ein Staatsmann muß gewisse Richtmarken haben, die er von der Natur selbst und von der Wahrheit nimmt, mit deren Hilfe er beurteilen wird, was gerecht, was schön und förderlich sei. B 46–51. – b) Erkenntnis dieser Richtmarken ist aber nicht genug, man muß sie in Taten umsetzen[27]. Philosophie ist Aneignung und praktische Anwendung der Weisheit. B 52–53. Rekapitulation B 54. – c) Wer sich der Philosophie widmet, erhält zwar keinen Lohn von den Menschen, er wird aber von ihr ergriffen und findet in der Beschäftigung mit ihr sein höchstes Vergnügen. Kurze Rekapitulation. B 55–57.

4. Was ist die Aufgabe der Philosophie, und warum ist die Erlangung von Weisheit unser höchstes Ziel? – a) Das Verhältnis zwischen Körper und Seele. Innerhalb der Seele steht das höher, was Vernunft und Denkvermögen hat. Dieser Teil (νοῦς, vgl. Plato Rep. 442 C τῷ σμικρῷ μέρει) ist, entweder allein oder in erster Linie, unser eigentliches Selbst. B 59–62. – b) Die wesentliche Aufgabe des Denkens ist, zur Wahrheit zu gelangen. B 63–66. – c) Die Wahrheit suchen wir durch philosophisches Nachdenken; die höchste Stufe erreichen wir, wenn wir die Wahrheit um ihrer selbst willen suchen. B 66–69. – d) Erkennen und Wissen ist wählenswerter als das wahre Meinen. Das für den Menschen aus allen Wählenswerteste ist die philosophische Einsicht. Daher erstreben alle Menschen[28] von allen Dingen am meisten das Erkennen. B 70–77.

[26] Eine ἀρχή ist bei Aristoteles immer eine ἀρχὴ τινὸς ἢ τινῶν (Phys. I 2, 185 a 4), niemals etwas für sich Existierendes. Vgl. W. Wieland, Die aristotelische Physik, Göttingen 1962, 55 ff.

[27] Die aristotelische θεωρία ist nicht Kontemplation sondern ein Tätigsein, vgl. B 87 ἡ θεωρητικὴ ἐνέργεια πασῶν ἡδίστη, Düring Aristoteles 472, unten im Kommentar zu B 69.

[28] Vgl. Metaph. Alpha 1, 980 a 21: Πάντες ἄνθρωποι τοῦ εἰδέναι ὀρέγονται φύσει.

5) Das intellektuelle Leben ist auch reich an Freude; verständige Menschen erstreben es gerade, um die wahren und edlen Freuden zu genießen. B 78–92. – a) Potentialität und Aktivität. Zum Ziel gelangt man nur, wenn man sich philosophisch betätigt und sich im praktischen Leben um die Wahrheit bemüht. B 79–86. – b) Da eine zur höchsten Stufe gesteigerte und ungehinderte Tätigkeit schon als solche Freude bereitet, so ist es klar, daß von allen Menschen der philosophisch Gebildete das vollkommenste Leben lebt und die wahrhafteste Freude empfindet.[29] B 87–92.

6) Das intellektuelle Leben ist also eine Vorbedingung für ein glückliches Leben. B 93–96. Korollarien: Unsere Ansicht wird durch den *consensus omnium* bestätigt. Eine Reihe von Beispielen. B 97–102.

7. Vergleich zwischen dem vernünftigen Leben und dem Leben der Leute, die einfach um jeden Preis durchs Leben kommen wollen. Die Dinge, die der Menge groß erscheinen, sind nichts anderes als ein Schattenspiel. B 105–107.

8. Schlußworte. Nichts an den Menschen ist göttlich außer jenem Einen, das allein der Mühe wert ist, nämlich die Geisteskraft (νοῦς καὶ φρόνησις). Ein Leben ohne philosophisches Nachdenken ist wertlos. B 108–110.

Adressat und Datierung

Aus Gründen, die ich anderswo[30] ausführlich diskutiert habe, dedizierte Aristoteles seine Mahnrede an Themison. In Wirklichkeit ist die Schrift eine Mahnrede an die athenische Jugend und eine Antwort auf die Antidosisrede des Isokrates. Der Umstand, daß der Protreptikos an einen sonst unbekannten zyprischen Fürsten gerichtet ist, erklärt sich am einleuchtendsten aus dem Zusammentreffen von Umständen und politischen Ereignissen, die an sich nichts mit dem Inhalt der Schrift zu tun haben. Aristoteles wendet die Spitze gegen Isokrates und dessen Auffassung der

[29] Auf diesen Gipfelpunkt folgt eine rhetorische Antiklimax, die man so zusammenfassen kann: „Leider verstehen die Menschen nicht ihr eigenes Bestes und machen sich um Dinge Mühe, die völlig wertlos sind.“

[30] DÜRING Aristoteles 404–406.

Philosophie: es war geschickt, die Schrift mit einer Dedikation zu versehen, die jedem initierten Mitglied der beiden rivalisierenden Schulen klarmachte, daß Aristoteles jetzt einen Kampfplatz betrat, wo bisher Isokrates allein die Stimme Athens vertreten hatte[31]. Die Schrift, die nach meiner Ansicht etwa 351/50 verfaßt worden ist[32], ist eine Botschaft an die jungen Männer, die sich um die Schulen Athens scharten und zugleich ein persönliches Bekenntnis zu einem Lebensideal. Der Protreptikos ist eine philosophisch-literarische Werbeschrift, bisweilen stark rhetorisch[33]. Obgleich der Stil sich von der bewußten Sachlichkeit und sogar Trockenheit[34] der Lehrschriften unterscheidet, gewährt uns die Schrift einen Einblick in die Denkweise des Aristoteles zu der Zeit, als er auf der Höhe seines Lebens stand. Die Schrift ist auch deswegen besonders wertvoll, weil wir sie ziemlich sicher datieren können, und weil sie im Gegensatz zu den Lehrschriften nie revidiert wurde.

Nach meinem Rekonstruktionsversuch sind zwei weitere erschienen. A.-H. Chroust[35] sagt in seinem Vorwort, daß er in allem Wesentlichen meiner Anordnung und Interpretation gefolgt ist. Das hat er auch mit ganz unwesentlichen Änderungen getan. Er gibt eine kurze Einleitung, eine Übersetzung und einen kurzen Kommentar. Von ganz anderem Charakter ist das Buch von G. Schneeweiß[36]. Es enthält eine Einleitung, einen rekonstruierten Text, keine Übersetzung und keinen laufenden Kommentar, aber eine Reihe Abschnitte, in denen der Verfasser verschiedene zentrale Fragen erörtert. Die Anordnung der Fragmente aus dem Protreptikos des Iamblichos ist von der meinigen völlig verschieden. Als wirkliche Fragmente betrachtet er außer den Iamblichosex-

[31] Besonders in or. II Ad Nicoclen, III Nicocles, IX Euagoras, vgl. Düring Protrepticus 20–23.

[32] Nach Schneeweiss a. a. O. 116 steht die Datierung des Protreptikos offen. Es ist richtig, daß die Datierung nicht bewiesen werden kann, aber die Beziehung zur Antidosisrede ist offensichtlich, vgl. Düring Protrepticus 33–35. Die Schrift muß während der Akademiezeit geschrieben worden sein.

[33] Z. B. B 43–44.

[34] Darüber Düring Aristoteles 20.

[35] Aristotle: Protrepticus. A Reconstruction. Univ. of Notre Dame Press (Indiana) 1964. 110 S.

[36] Der Protreptikos des Aristoteles. Diss. München. Bamberg 1966. 338 S.

zerpten gewisse Stellen in den aristotelischen Lehrschriften (Eud. und Nik. Ethik, Pol., Metaph. Alpha), die er in seinem Text einordnet. Er hat ferner Texte aus Ps.-Isokrates Ad Demonicum, Strabon, Galenos, Diogenes Laertios, Synesios und Stobaios seinem Text einverleibt. Nach einer umfassenden Einleitung, in der er die bisherigen Rekonstruktionsversuche kritisiert, behauptet er, der Protreptikos sei das erste greifbare Beispiel einer Diatribe[37], die folgendermaßen gegliedert ist[38].

I. Epideiktischer Teil.

Aristoteles weist auf die Bedeutung der Philosophie hin: der Grundgedanke ist die Frage nach der menschlichen Tüchtigkeit und dem Guten. Aristoteles zeigt, wie beides nur durch eine entsprechende Erkenntnis verwirklicht werden kann.

a) Ohne diese Erkenntnis ist nämlich der Gebrauch der äußeren Güter gefährlich und schadet dem Menschen mehr, als er ihm nützt.

b) Somit gibt diese Erkenntnis den äußeren Gütern eigentlich erst ihren Wert.

c) Die Erkenntnis steht also über den äußeren Gütern. Somit ist sie nicht auf diese ausgerichtet, sondern ist höchster Wert an sich, der andererseits aber allem anderen Wert verleiht. Im Anschluß daran zeigt Aristoteles, daß Philosophie möglich ist, und bringt eine Einteilung der philosophischen Disziplinen[39].

II. Apelenktischer Teil.

Das bisherige Ergebnis wird grundsätzlich in Frage gestellt[40] und von Aristoteles in Auseinandersetzung mit den gegnerischen Einwänden von neuem untersucht und vertieft.

1. Die Gegner der theoretischen Wissenschaften kommen zu Wort: Die Philosophie als reine Erkenntnis sei unnötig und ohne Nutzen für die Praxis. Das Glück bestehe aber gerade im rechten Handeln.

[37] a. a. O. 238.

[38] Ich zitiere wörtlich a. a. O. 231–235.

[39] Hier fügt Schneeweiss Pol. VII 1, 1323 a 25–66 in seinen Text hinein, aber auch Texte aus Stobaios und Strabon.

[40] Wesentlich fr. 5 b Walzer aus Iamblichos De communi math. scientia.

2. Aristoteles widerlegt diese Einwände:

a) Die Philosophie ist als höchstes menschliches Gut um ihrer selbst willen erstrebenswert[41].

b) Aufgrund seines naturgegebenen Ziels (Entelechie) ist die geistige Betätigung eigentliche Aufgabe des Menschen.

c) Die philosophische Erkenntnis der naturgemäßen Ordnung darf in ihrer Bedeutung für den Politiker nicht unterschätzt werden. Die Philosophie ist also insofern auch „nützlich".

III. Zusammenfassender epideiktischer Teil.

1. Aristoteles weist auf die Tätigkeit des Geistes als den Inbegriff menschlicher Glückseligkeit hin.

a) Gemäß der natürlichen Anlage des Menschen ist das Philosophieren Ziel des menschlichen Lebens.

b) Das Leben im Geist ist zugleich höchste und reinste Lust.

c) Die geistige Tätigkeit ist an sich unabhängig von anderen Voraussetzungen[42].

2. Die Philosophie hebt den Menschen über das Irdische hinaus und läßt ihn am Göttlichen und an der Unsterblichkeit[43] teilhaben.

Scheinbar unterscheidet sich diese Disposition nicht so sehr von meinem Versuch zur Rekonstruktion der Gedankenentwicklung der Schrift. In Wirklichkeit haben aber die beiden Versuche nur eins gemeinsam: wie ich, läßt Schneeweiß die Argumentation in die wirkungsvolle Schlußfolgerung B 110 auslaufen. Am Anfang setzt er auf fünf Seiten eine Anzahl Exzerpte aus aristotelischen Lehrschriften und verschiedenen antiken Autoren. Erst auf der sechsten Seite kommt B 2. Im Inneren der Schrift ist die Anordnung der Iamblichosexzerpte von der von mir vorgelegten völlig verschieden. Am bedenklichsten finde ich den Umstand, daß Schneeweiß so zahlreiche Exzerpte aus aristotelischen Lehrschriften und anderen antiken Autoren dem Protreptikos zugeschrieben hat ohne einen anderen Grund anzugeben als den, daß sie ähnliche Gedanken wie in den Iamblichosexzerpten enthalten. Vermutlich

[41] Hier u. a. mehrere Exzerpte aus Pol. VII 2 und aus Metaph. Alpha.

[42] Hier fügt er u. a. EN X 8, 1178 a 23–34 in seinen Text hinein.

[43] Hier fügt er EN X 7, 1177 b 30–1178 a 2 und X 9, 1179 a 22–32 in seinen Text hinein.

wird auch auf alle künftigen Rekonstruktionsversuche das zutreffen, was ich[44] über die bisherige Forschung gesagt habe: „Quot professores, tot Protreptici."

Im einzelnen hat Schneeweiß viele gute Bemerkungen ausgesprochen, auf die ich im Kommentar zurückkomme.

[44] Protrepticus 13, auch von FLASHAR a. a. O. 79 zitiert.

A. Testimonia

A 1. Stobaeus IV p. 785 Hense (= Teletis reliquiae,[2] p. 45. H.). Fr. 50 Rose. 1 Walzer, Ross.

Ἐκ τῶν Τέλητος ἐπιτομή.

Ἢ πάλιν οὐχ ὁρᾷς διότι οἱ μὲν πλούσιοι πλείω πράττοντες κωλύονται τοῦ σχολάζειν, ὁ δὲ πένης οὐκ ἔχων τί πράττῃ πρὸς τὸ φιλοσοφεῖν γίνεται; Ζήνων ἔφη Κράτητα ἀναγινώσκειν ἐν σκυτείῳ καθήμενον τὸν Ἀριστοτέλους Προτρεπτικόν, ὃν ἔγραψε πρὸς Θεμίσωνα τὸν Κυπρίων βασιλέα λέγων ὅτι οὐδενὶ πλείω ἀγαθὰ ὑπάρχει πρὸς τὸ φιλοσοφῆσαι· πλοῦτόν τε γὰρ πλεῖστον αὐτὸν ἔχειν ὥστε δαπανᾶν εἰς ταῦτα, ἔτι δὲ δόξαν ὑπάρχειν αὐτῷ. ἀναγινώσκοντος δὲ αὐτοῦ τὸν σκυτέα ἔφη προσέχειν ἅμα ῥάπτοντα, καὶ τὸν Κράτητα εἰπεῖν· 'ἐγώ μοι δοκῶ, ὦ Φίλισκε, γράφειν πρὸς σὲ προτρεπτικόν· πλείω γὰρ ὁρῶ σοι ὑπάρχοντα πρὸς τὸ φιλοσοφῆσαι <ἢ> ᾧ ἔγραψεν Ἀριστοτέλης'.

A 2–8. Fr. 51 Rose, 2 Walzer, Ross.

A 2. Alexander Aphrod., In Arist. Top., CIAG II: 2, p. 149, 9–17 Wallies: Ἔστι δὲ ἐφ' ὧν καὶ πάντα τὰ σημαινόμενα λαμβάνοντας ἔστιν ἐπὶ πάντων αὐτῶν ἀνασκευάζειν τὸ κείμενον, οἷον εἰ λέγοι τις ὅτι μὴ χρὴ φιλοσοφεῖν, ἐπεὶ φιλοσοφεῖν λέγεται καὶ τὸ ζητεῖν αὐτὸ τοῦτο, εἴτε χρὴ φιλοσοφεῖν εἴτε καὶ μή, ὡς εἶπεν αὐτὸς ἐν τῷ Προτρεπτικῷ, ἀλλὰ καὶ τὸ τὴν φιλόσοφον θεωρίαν μετιέναι, ἑκάτερον αὐτῶν δείξαντες οἰκεῖον τῷ ἀνθρώπῳ πανταχόθεν ἀναιρήσομεν τὸ τιθέμενον· ἐπὶ μὲν οὖν τούτου κατ' ἄμφω ἐνδέχεται δείκνυσθαι τὸ προκείμενον· ἐπὶ δὲ τῶν πρώτων παραδειγμάτων οὐκ ἐκ πάντων ἢ ἑκατέρου ἀλλὰ ἤ ἐκ <τινὸς ἢ ἐκ> τινῶν.

A 3. Anonymus, schol. in Arist. Anal. priora, cod. Paris. 2064, f. 263ᵃ: (Περὶ τῶν εἰδῶν πάντων τοῦ συλλογισμοῦ). . . τοιοῦτος δὲ (παρασυνημμένος) καὶ ὁ Ἀριστοτέλους λόγος ἐν τῷ Προτρεπτικῷ· εἴτε φιλοσοφητέον εἴτε μὴ φιλοσοφητέον, φιλοσοφητέον. ἀλλὰ μὴν ἢ φιλοσοφητέον ἢ οὐ φιλοσοφητέον· πάντως ἄρα φιλοσοφητέον.

A 4. Olympiodorus, In Alcib. p. 144, Creuzer: Ὁ δὲ Σωκράτης βουλόμενος αὐτὸν ἀπαλλάξαι τῆς τοιαύτης φιλονεικίας καὶ τοῦ ῥαθύμου ἤθους, ἐλέγχει κατὰ ἔνστασιν καὶ ἀντιπαράστασιν·. . . καὶ Ἀριστοτέλης μὲν ἐν τῷ Προτρεπτικῷ ἔλεγεν ὅτι εἴτε φιλοσοφητέον, φιλοσοφητέον· εἴτε μὴ φιλοσοφητέον, φιλοσοφητέον, πάντως δὲ φιλοσοφητέον. Πλάτων δέ φησιν. . .

A 5. Elias, Proleg. Phil., 2, CIAG XVIII: 1, p. 3, 17–23. Busse: Ἢ καὶ ὥς φησιν Ἀριστοτέλης ἐν τῷ Προτρεπτικῷ ἐπιγεγραμμένῳ, ἐν ᾧ προτρέπει τοὺς νέους πρὸς φιλοσοφίαν· φησὶ γὰρ οὕτως· "εἰ μὲν φιλοσοφητέον, φιλοσοφητέον, καὶ εἰ μὴ φιλοσοφητέον, φιλοσοφητέον· πάντως ἄρα φιλοσοφητέον". εἰ μὲν γὰρ ἔστι, πάντως ὀφείλομεν φιλοσοφεῖν οὔσης αὐτῆς, εἰ δὲ μὴ ἔστι, καὶ οὕτως ὀφείλομεν ζητεῖν πῶς οὐκ ἔστιν ἡ φιλοσοφία· ζητοῦντες δὲ φιλοσοφοῦμεν, ἐπειδὴ τὸ ζητεῖν αἰτία τῆς φιλοσοφίας ἐστί.

A 6. David, Proleg. Phil., 4, CIAG XVIII: 2, p. 9, 2–12, Busse: Καὶ ὁ Ἀριστοτέλης δὲ ἔν τινι Προτρεπτικῷ αὐτοῦ συγγράμματι, ἐν ᾧ προτρέπεται τοὺς νέους ἐπὶ φιλοσοφίαν, λέγει ὅτι εἴτε μὴ φιλοσοφητέον, φιλοσοφητέον· εἴτε φιλοσοφητέον, φιλοσοφητέον· πάντως δὲ φιλοσοφητέον. τοῦτ' ἔστιν εἴτε λέγει τις μὴ εἶναι φιλοσοφίαν, ἀποδείξεσι κέχρηται, δι' ὧν ἀναιρεῖ τὴν φιλοσοφίαν· εἰ δὲ ἀποδείξεσι κέχρηται, δῆλον ὅτι φιλοσοφεῖ· μήτηρ γὰρ τῶν ἀποδείξεων ἡ φιλοσοφία. εἴτε λέγει εἶναι φιλοσοφίαν, πάλιν φιλοσοφεῖ· ἀποδείξεσι γὰρ κέχρηται, δι' ὧν δείκνυσιν οὖσαν αὐτήν. πάντως οὖν φιλοσοφεῖ καὶ ὁ ἀναιρῶν αὐτὴν καὶ ὁ μὴ ἀναιρῶν· ἑκάτερος γὰρ αὐτῶν ἀποδείξεσι κέχρηται, δι' ὧν πιστοῦται τὰ λεγόμενα· εἰ δὲ ἀποδείξεσι κέχρηται, δῆλον ὅτι φιλοσοφεῖ· μήτηρ γὰρ τῶν ἀποδείξεων ἡ φιλοσοφία.

A 7. Cicero, De Fin. V 4, 11: *Vitae autem degendae ratio maxime quidem illis* (sc. Aristoteli et Theophrasto) *placuit quieta, in contemplatione et cognitione posita rerum: quae quia deorum erat vitae simillima sapiente visa est dignissima, atque de his rebus et splendida est eorum et illustris oratio.* – Vgl. den Kommentar zu B 17.

A 8. a) Diogenes Laertius V 22 (= Ariston oder Hermippos), Titel 12: Προτρεπτικὸς ᾱ.

b) Vita Hesychii (= Hermippos), Titel 14: Προτρεπτικὸν ᾱ.

c) Ptolemaios-El-Garib, Verzeichnis der Schriften des Aristoteles, Titel 1–2: Seine Schrift, in der er zum Philosophieren auffordert. Der griechische Titel ist προτρεπτικὸς φιλοσοφίας. (Stammt aus dem Werk des Andronikos „Über die Schriften des Aristoteles".)

A 1. <ἢ> ᾧ Diels: ὧν codd. ||

A 2. ἐκ P: ἐπὶ a ABD || ἀλλὰ ἢ (δι' add. a ABD) ἑκατέρου ἢ ἐκ τινῶν libri: corr. Wallies ||

B. Fragmenta

<Πρὸς Θεμίσωνα>

B 1. Ἀριστοτέλους Προτρεπτικόν, ὃν ἔγραψε πρὸς Θεμίσωνα τὸν Κυπρίων βασιλέα λέγων ὅτι οὐδενὶ πλείω ἀγαθὰ ὑπάρχει πρὸς τὸ φιλοσοφῆσαι· πλοῦτόν τε γὰρ πλεῖστον αὐτὸν ἔχειν ὥστε δαπανᾶν εἰς ταῦτα, ἔτι δὲ δόξαν ὑπάρχειν αὐτῷ. B 2. . . τε πράττειν τῶν δεόντων τι προαιρουμένους κωλύῃ· διὸ δεῖ τὴν τούτων θεωροῦντας ἀτυχίαν φεύγειν καὶ νομίζειν τὴν εὐδαιμονίαν οὐκ ἐν τῷ πολλὰ κεκτῆσθαι γίγνεσθαι μᾶλλον ἢ ἐν τῷ πῶς τὴν ψυχὴν διακεῖσθαι·

Tit. <Πρὸς Θεμίσωνα> Düring ‖ pap. = Pap. Oxyrh. IV 666; F = Cod. Laur. 86,3 ‖ Stob = Stobaios IV, p. 785 et III, p. 200 Hense; **Max.** = Maximos Conf. Cap. Theol. 584, Migne Patr. 91, col. 824; Laur. = Flor. Laur. Meineke, Stobaios IV 225, 25 ‖ Trinc. = Trincavelli ‖

B 2. θεωροῦντας Grenfell-Hunt: θεωροῦσαν pap. ‖ νομίζειν inc. Stob. (νόμιζε δὲ) Max. (νομίζομεν δὲ) Laur. (νομίζειν δεῖ) ‖ γίνεσθαι pap. Max. ‖ μᾶλλον δ' ἐν (ἀλλ' ἐν Trinc.) τῷ τὴν ψυχὴν εὖ διακεῖσθαι Stob. Max. Laur. ‖ τῇ ψυχῇ Max. ‖ σῶμα pap.: οὐδὲ τὸ σῶμα οὐ Stob. ‖ λαμπρᾷ ἐσθῆτι κεκοσμημένον omnes: transp. Bücheler ‖ ὑγείαν pap. ‖ προειρημένων: παρακειμένων Max. ‖ τοιοῦτον om. Max. ‖ ἂν τοῖς ἐκτὸς pap. Stob.: ἄν τις ἐκτὸς Max. ‖ κεχορηγημένος pap.: κεκοσμημένος Stob. Max. Laur. ‖ αὐτὸς δὲ Max. ‖ ὧν om. Max. ‖ οὐδὲ pap., Stob. A²: οὔτε Stob. cet. codd., Max. ‖ ψάλια pap.: ψέλλια Stob. Max. Laur. ‖ ἐὰν pap.: ὃς ἂν Stob. Max. Laur. ‖ ᾖ Stob. Max. Laur.: om. pap. ‖

Mahnrede an Themison

‹Deine Wißbegierde, mein Themison, und dein Streben nach Trefflichkeit und nach einem glücklichen Leben kenne ich vom Hörensagen, und ich bin überzeugt›[1], (B 1) daß niemand günstigere Vorbedingungen hat als du, um die Philosophie in Angriff zu nehmen, denn du bist reich, so daß du Geld dafür ausgeben kannst[2], und du hast eine angesehene Stellung. ‹Nun glauben ja die meisten Leute, ein glückliches Leben beruhe auf dem Besitz äußerer Güter, und das nicht ganz ohne Grund; denn wir sehen, daß etlichen Leuten alles gedeiht und daß sie Erfolg haben, obgleich sie töricht sind. Sicherlich hast du aber auch Fälle erlebt, in denen das Gegenteil eintraf. Sowohl aus deiner Kenntnis der Vergangeheit als aus eigener Erfahrung wirst du dich an Begebenheiten erinnern, bei denen Hochmut vor dem Fall kam: du hast Männer gekannt, die zuviel Vertrauen auf Reichtum, Glück und Macht setzten, und daher einen jähen Sturz ins Unglück erleben mußten. Je größer ihr Erfolg war, desto tiefer empfinden sie ihr Mißlingen und Unglück und schämen sich, weil ihre gegenwärtige Stellung› (B 2) sie daran hindert, aus eigenem Ansporn das zu tun, was sie als ihre Pflicht betrachten. Da wir das Mißgeschick dieser Leute sehen, sollten wir ein ähnliches Schicksal meiden und uns vergegenwärtigen, daß das Lebensglück nicht darin besteht, daß man ein großes Vermögen besitzt, sondern darin, daß man sich in guter Seelenverfassung befindet[3]. Auch was den Körper betrifft, so wird ja niemand deswegen jemanden einen ‹von den Göttern› Beglückten nennen, weil er mit prächtigen Gewändern angetan ist, vielmehr nennt man den mit Gesundheit Begabten und in der richtigen Verfassung Befindlichen so, sollte ihm auch von

[1] Für die von mir hier und in B 2 gemachten Ergänzungen gibt es keine Stütze im überlieferten Text; sie sind nur beispielhaft; ich bin Vorbildern bei Isokrates gefolgt.

[2] Nämlich um namhafte Lehrer zu berufen, vgl. B 53.

[3] Ein Grundgedanke des Sokrates, Apol. 30 b.

καὶ γὰρ σῶμα οὐ τὸ λαμπρᾷ κεκοσμημένον ἐσθῆτι φαίη τις ἂν εἶναι μακάριον, ἀλλὰ τὸ τὴν ὑγίειαν ἔχον καὶ σπουδαίως διακείμενον, κἂν μηδὲν τῶν προειρημένων αὐτῷ παρῇ· τὸν αὐτὸν δὲ τρόπον καὶ ψυχὴν ἐὰν ᾖ πεπαιδευμένη, τὴν τοιαύτην καὶ τὸν τοιοῦτον ἄνθρωπον εὐδαίμονα προσαγορευτέον ἐστίν, οὐκ ἂν τοῖς ἐκτὸς ᾖ λαμπρῶς κεχορηγημένος, αὐτὸς μηδενὸς ἄξιος ὤν. οὐδὲ γὰρ ἵππον, ἐὰν ψάλια χρυσᾶ καὶ σκευὴν ἔχῃ πολυτελῆ φαῦλος ὤν, τὸν τοιοῦτον ἄξιόν τινος νομίζομεν εἶναι, ἀλλ' ἐὰν διακείμενος ᾖ σπουδαίως, τοῦτον μᾶλλον ἐπαινοῦμεν. B 3. Χωρὶς δὲ τῶν εἰρημένων συμβαίνει τοῖς μηδενὸς ἀξίοις οὖσιν, ὅταν τύχωσι χορηγίας, καὶ τῶν διὰ τῆς ψυχῆς ἀγαθῶν πλέονος ἄξια αὐτοῖς εἶναι τὰ κτήματα· <ὅπερ> πάντων αἴσχιστον. ὥσπερ γὰρ εἴ τις τῶν οἰκετῶν <τῶν> αὐτοῦ χείρων εἴη, καταγέλαστος ἂν γένοιτο, τὸν αὐτὸν τρόπον οἷς πλέονος ἀξίαν τὴν κτῆσιν εἶναι συμβέβηκεν τῆς ἰδίας φύσεως, ἀθλίους τούτους εἶναι δεῖ νομίζειν. B 4. Καὶ τοῦτο κατ' ἀλήθειαν οὕτως ἔχει· τίκτει γάρ, ὥς φησιν ἡ παροιμία, κόρος μὲν ὕβριν, ἀπαιδευσία δὲ μετ' ἐξουσίας ἄνοιαν. τοῖς γὰρ διακειμένοις τὰ περὶ τὴν ψυχὴν κακῶς οὔτε πλοῦτος οὔτ' ἰσχὺς οὔτε κάλλος τῶν ἀγαθῶν ἐστιν· ἀλλ' ὅσῳ περ ἂν αὗται μᾶλλον αἱ διαθέσεις καθ' ὑπερβολὴν ὑπάρξωσι, τοσούτῳ μείζω καὶ πλείω τὸν κεκτημένον βλάπτουσιν, <ἐὰν> ἄνευ φρονήσεως παραγένωνται· τὸ γὰρ μὴ παιδὶ μάχαιραν τοῦτ' ἔστι τὸ μὴ τοῖς φαύλοις τὴν ἐξουσίαν ἐγχειρίζειν. B 5. Τὴν δὲ φρόνησιν ἅπαντες ἂν ὁμολογήσειαν ἐκ τοῦ μανθάνειν γίγνεσθαι <καὶ> ζητεῖν ὧν τὰς δυνάμεις φιλοσοφία περιείληφεν, ὥστε πως οὐκ ἀπροφασίστως φιλοσοφητέον ἐστὶ καὶ. . . B 6. . . 'φιλοσοφεῖν' λέγεται καὶ τὸ ζητεῖν

B 3. Χωρὶς – αἴσχιστον om. Stob. Max. Laur. ‖ καὶ ante τῶν – ἀγαθῶν delevit Wilamowitz quem sequuntur Walzer Ross: ἀεὶ Bignone ‖ πλεονασασαει pap., corr. Grenfell-Hunt ‖ αὐτοῖς Düring: αὐτῶν pap. ‖ <ὅπερ> Diels ‖ τῶν ante αὐτοῦ om. Stob. Max. Laur. ‖ δεῖ νομίζειν excerptum Maximi hic finem habet ‖

B 4. πλείω καὶ μείζω Stob. ‖ <ἐὰν> Grenfell-Hunt ‖ ἄνευ pap.: χωρὶς Stob. ‖ παραγένωνται pap.: παραγενόμεναι Stob. cuius excerptum hic finem habet ‖

B 5. ἐκ τοῦ Wilamowitz: εἰς τὸ pap. ‖ <καὶ> Grenfell-Hunt ‖

allem äußeren Tand nichts mitgegeben sein[4]. In der gleichen Weise kann man auch die Seele nur dann, wenn sie gebildet ist, und nur den gebildeten Menschen glücklich nennen, nicht denjenigen, der zwar mit äußeren Gütern prächtig geschmückt, selbst aber gar nichts wert ist. So ist es auch mit einem Pferd; mag es goldene Kinnkette und kostbares Geschirr tragen, sofern es im übrigen nichts taugt, legen wir auf ein solches Pferd keinen Wert, sondern geben demjenigen den Vorzug, das gute Eigenschaften hat[5]. (B 3) Außerdem pflegt es, wenn minderwertige Leute in den Besitz großen Reichtums kommen, einzutreffen, daß sie diese Besitztümer sogar höher schätzen als die Güter der Seele, und dies ist von allem das Verächtlichste. Würde ein Herr geringer erscheinen als seine Diener, so wäre er dem Gelächter preisgegeben; in gleicher Weise muß man diejenigen, denen der Erwerb von Reichtum wichtiger ist als ihr eigener Charakter, für elende Menschen halten. (B 4) Und so ist es in der Tat; denn Übersättigung, sagt das Sprichwort, gebiert Übermut; wenn sich Mangel an Bildung zur Macht gesellt, entspringt daraus Größenwahn. Denjenigen, um deren Seelen es schlecht bestellt ist, sind nämlich weder Reichtum noch Stärke noch Schönheit von Nutzen, sondern in je größerer Überfülle diese Dinge vorhanden sind, desto tiefer und vielseitiger schädigen sie ihren Besitzer, wenn sie nicht mit Einsicht gepaart sind[6]. Der Spruch „Kein Messer für das Kind“ bedeutet „Gib nicht gemeinen Leuten Macht“. (B 5) Philosophische Einsicht ist vielmehr – dem werden wohl alle zustimmen – eine Frucht eigener ernster Bemühung und der Suche nach den Dingen, die zu suchen uns die Philosophie in den Stand setzt. Daher müssen wir, ohne zu Ausreden Zuflucht zu nehmen, philosophieren.

[4] Die Parallelisierung körperlicher und seelischer Harmonie ist ein Grundgedanke Platons, Gorgias 478 a, 503 c.

[5] Der Vergleich ist typisch sokratisch, Apol. 20 a; auch bei Isokr. Antid. 210–211.

[6] Ges. 743 c εἰ δὲ μὴ ἀγαθοί, οὐδὲ εὐδαίμονες. Vgl. Pol. VII 1, 1323 b 5, und Ges. 660 e.

αὐτὸ τοῦτο εἴτε χρὴ φιλοσοφεῖν εἴτε μή, καὶ τὸ τὴν φιλόσοφον θεωρίαν μετιέναι. B 7. [Ἐπεὶ δ' ἀνθρώποις διαλεγόμεθα, ἀλλ' οὐχὶ τοῖς τὴν θείαν μοῖραν τῆς ζωῆς πρόχειρον ἔχουσι, δεῖ συμμειγνύναι ταῖς τοιαύταις παρακλήσεσι τὰς πρὸς τὸν πολιτικὸν καὶ πρακτικὸν βίον προτροπάς. ὧδε οὖν λέγωμεν·] B 8. [Τὰ ὑποκείμενα πρὸς τὸν βίον ἡμῖν οἷον <τὸ> σῶμα καὶ <τὰ> περὶ τὸ σῶμα καθάπερ ὄργανά τινα ὑπόκειται, τούτων δ' ἐπικίνδυνός ἐστιν ἡ χρῆσις, καὶ πλέον θάτερον ἀπεργάζεται τοῖς μὴ δεόντως αὐτοῖς χρωμένοις. δεῖ τοίνυν ὀρέγεσθαι τῆς ἐπιστήμης κτᾶσθαί τ' αὐτὴν καὶ χρῆσθαι αὐτῇ προσηκόντως, δι' ἧς πάντα ταῦτα εὖ θησόμεθα. φιλοσοφητέον ἄρ' ἡμῖν, εἰ μέλλομεν ὀρθῶς πολιτεύεσθαι καὶ τὸν ἑαυτῶν βίον διάξειν ὠφελίμως.] B 9. Ἔτι τοίνυν ἄλλαι μέν εἰσιν αἱ ποιοῦσαι ἕκαστον τῶν ἐν τῷ βίῳ πλεονεκτημάτων ἐπιστῆμαι, ἄλλαι δ' αἱ χρώμεναι ταύταις, καὶ ἄλλαι μὲν αἱ ὑπηρετοῦσαι, ἕτεραι δ' αἱ ἐπιτάττουσαι, ἐν αἷς ἐστιν ὡς ἂν ἡγεμονικωτέραις ὑπαρχούσαις τὸ κυρίως ὂν ἀγαθόν. εἰ τοίνυν μόνη ἡ τοῦ κρίνειν ἔχουσα τὴν ὀρθότητα καὶ ἡ τῷ λόγῳ χρωμένη καὶ ἡ τὸ ὅλον ἀγαθὸν θεωροῦσα, ἥτις ἐστὶ φιλοσοφία, χρῆσθαι πᾶσιν καὶ ἐπιτάττειν κατὰ φύσιν δύναται, [φιλοσοφητέον ἐκ παντὸς τρόπου,] ὡς μόνης φιλοσοφίας τὴν ὀρθὴν κρίσιν καὶ τὴν ἀναμάρτητον ἐπιτακτικὴν φρόνησιν ἐν ἑαυτῇ περιεχούσης.

B 7. Summarium cap. VI annot. in marg. Σύμμικτοι προτροπαὶ πρός τε τὴν πρακτικὴν καὶ πολιτικὴν ἀρετὴν καὶ πρὸς τὴν τῆς τελειοτέρας κατὰ νοῦν σοφίας κτῆσίν τε καὶ χρῆσιν. ||

B 8. <τὸ> <τὰ> Kiessling, οἷον σῶμα καὶ περὶ τὸ σῶμα abesse mavult Pistelli ||

(B 6) Das Wort „philosophieren“ bedeutet einerseits zu fragen, ob man philosophieren muß, andererseits sich der Philosophie zu widmen.

(B 7) Da wir uns an Menschen wenden und nicht an diejenigen, deren Leben göttlicher Natur ist, müssen wir mit jenen Ermahnungen andere verbinden, die im gesellschaftlichen Leben von praktischem Nutzen sind. Folgendes wäre zu sagen. (B 8) Was uns für das Leben zur Verfügung steht, etwa der Leib und das, was dem Leibe dient, das steht uns zur Verfügung wie eine Art Werkzeug. Der Gebrauch dieser Werkzeuge ist mit Gefahr verbunden; bei jenen, die sie nicht in der rechten Weise anwenden, führen sie zumeist die entgegengesetzte Wirkung herbei. Wir müssen daher nach einem Wissen streben, das uns hilft, alle diese Werkzeuge in der besten Weise zu gebrauchen, es erwerben und angemessen anwenden. Wir müssen Philosophen werden, wenn wir den Staatsangelegenheiten richtig nachgehen und unser Privatleben auf eine nützliche Weise gestalten wollen. (B 9) Wissen gibt es nun von verschiedener Art; solches, das die Güter des Lebens hervorbringt, und solches, das sie verwendet. Eine andere Einteilung ist: Wissensarten, welche dienen, und solche, welche befehlen: die letzteren stellen den höheren Grad dar, und bei ihnen ist das Gute im eigentlichen Sinne. Wenn nun allein jene Art von Wissen, die ein richtiges Urteil zu finden weiß, die die Vernunft gebraucht und die das Gute als Ganzes im Auge hat, nämlich die Philosophie, alle anderen Arten des Wissens verwenden und sie gemäß den Prinzipien der Natur[7] leiten kann, so ist dies wieder ein Argument dafür, daß man notwendigerweise philosophieren muß. Denn allein die Philosophie umfaßt in sich das richtige Urteil und die unfehlbare Einsicht, welche die befehlende Kraft besitzt, zu bestimmen, was wir tun und was wir nicht tun sollen[8].

[7] Ausführlicher entwickelt in B 47–50.

[8] ἡ ἐπιτακτικὴ φρόνησις, EE II 1, 1220 a 9; VIII 3, 1249 b 14; EN VI 11, 1143 a 8. Ein platonischer Gedanke, Staatsm. 259 e–260 c. Hinter ‚unfehlbar‘ liegt die Vorstellung von ὀρθὸς λόγος.

B 10. ["Ανωθεν δ' ἀρχόμενοι ἀπὸ τοῦ τῆς φύσεως βουλήματος ἐπὶ τὴν αὐτὴν προτροπὴν προχωροῦμεν οὑτωσί.] B 11. Τῶν γιγνομένων τὰ μὲν ἀπό τινος διανοίας καὶ τέχνης γίγνεται, οἷον οἰκία καὶ πλοῖον (ἀμφοτέρων γὰρ τούτων αἰτία τέχνη τίς ἐστι καὶ διάνοια), τὰ δὲ διὰ τέχνης μὲν οὐδεμιᾶς, ἀλλὰ διὰ φύσιν· ζῴων γὰρ καὶ φυτῶν αἰτία φύσις, καὶ κατὰ φύσιν γίγνεται πάντα τὰ τοιαῦτα. ἀλλὰ μὴν καὶ διὰ τύχην ἔνια γίγνεται τῶν πραγμάτων· ὅσα γὰρ μήτε διὰ τέχνην μήτε διὰ φύσιν μήτ' ἐξ ἀνάγκης γίγνεται, τὰ πολλὰ τούτων διὰ τύχην γίγνεσθαί φαμεν. B 12. Τῶν μὲν οὖν ἀπὸ τύχης γιγνομένων οὐδὲν ἕνεκά του γίγνεται, οὐδ' ἔστι τι τέλος αὐτοῖς· τοῖς δ' ἀπὸ τέχνης γιγνομένοις ἔνεστι καὶ τὸ τέλος καὶ τὸ οὗ ἕνεκα (ἀεὶ γὰρ ὁ τὴν τέχνην ἔχων ἀποδώσει σοι λόγον δι' ὃν ἔγραψε καὶ οὗ ἕνεκα), καὶ τοῦτο [ὅτι] βέλτιόν ἐστιν ἢ τὸ διὰ τοῦτο γιγνόμενον. λέγω δ' ὅσων καθ' αὑτὴν ἡ τέχνη πέφυκεν αἰτία καὶ μὴ κατὰ συμβεβηκός· ὑγιείας μὲν γὰρ ἰατρικὴν μᾶλλον ἢ νόσου κυρίως ἂν θείημεν, οἰκοδομικὴν δ' οἰκίας, ἀλλ' οὐ τοῦ καταβάλλειν. πᾶν ἄρα ἕνεκά του γίγνεται τὸ κατὰ τέχνην, καὶ τοῦτο τέλος αὐτῆς <καὶ> τὸ βέλτιστον, τὸ μέντοι διὰ τύχην οὐ γίγνεται ἕνεκά του· συμβαίη μὲν γὰρ ἂν καὶ ἀπὸ τύχης τι ἀγαθόν, οὐ μὴν ἀλλά γε κατὰ τὴν τύχην καὶ καθόσον

B 10. Summarium cap. IX annot. in marg. Ἀπὸ τοῦ βουλήματος τῆς φύσεως ἔφοδος εἰς προτροπὴν κατὰ τὴν Πυθαγόρου ἀπόκρισιν ἣν εἶπε τοῖς ἐν Φλιοῦντι πυνθανομένοις τίς ἐστι καὶ τίνος ἕνεκα γέγονε· ταύτῃ γὰρ ἑπομένως συλλογιζόμεθα τὴν προτροπὴν ὅλην. ‖

B 12. [ὅτι] Pistelli ‖ <καὶ> Düring ‖ οὐ μὴν ἀλλὰ κατά γε Schneeweiss ‖

(B 10) Laß uns jetzt tiefer in unsere Frage eindringen und sie von teleologischen Ausgangspunkten her betrachten, um zu der gleichen Mahnung zu kommen[9]. (B 11) Von den entstehenden Dingen verdanken die einen ihre Existenz einer planenden Überlegung und einem Können ‹des Menschen›, z. B. ein Haus oder ein Schiff – beider Vorbedingungen ist ein Können und ein Planen – während andere nicht durch menschliches Können entstehen, sondern durch die Natur: die Natur ist die Urheberin von Tieren und Pflanzen, und alle solche Entstehung geschieht gemäß der Natur. Aber es gibt auch Dinge, die durch den Zufall entstehen[10]. Von den meisten Dingen, die weder durch menschliches Können noch durch die Natur noch durch die Notwendigkeit entstehen, sagen wir, dass sie durch den Zufall entstehen. (B 12) Von dem, was aus dem Zufall hervorgeht, entsteht nichts um irgendeines Zweckes willen, noch hat es ein Ziel. Für die durch menschliches Können entstandenen Dinge aber gibt es ein Ziel und einen Zweck (denn wer das Können besitzt, wird dir immer begründen können, weshalb er schrieb[11] und für welchen Zweck), und dieser Zweck ist besser als das, was um dieses Zweckes willen entsteht. Ich spreche von Dingen, deren Ursache das Können an sich ist und nicht nur beiläufigerweise; denn die Heilkunst ist gewiß eher Urheberin der Gesundheit als der Krankheit, und die Baukunst ist Ursache des Hauses und nicht des Niederreißens[12]. Alles, was durch menschliches Können entsteht, entsteht also um eines Zweckes willen, und das ist sein Ziel und das Beste. Was aber durch Zufall entsteht, entsteht um keines Zweckes willen. Etwas Gutes kann allerdings durch Zufall entstehen, jedoch ist dieses nicht etwa gut

[9] Der Text ist von Iamblichos umformuliert worden.

[10] Übersetzt und kommentiert von DIRLMEIER, EE 150.

[11] λόγον δι' ὃν ἔγραψε bezieht sich wahrscheinlich auf das pädagogische Prinzip des Aristoteles, seine Vorlesungen immer mit der Darlegung περὶ τίνων τ' ἐστὶν ἡ πραγματεία καὶ τίς einzuleiten, Aristox. El. Harm. II 1; DÜRING, Biogr. Trad. 358.

[12] Die Irreversibilität des Werdeprozesses γένεσις – αὔξησις – τέλος – φθίσις – φθορά ist der Grundgedanke in der Teleologie des Aristoteles, vgl. DÜRING, Aristoteles 372.

ἀπὸ τύχης οὐκ ἀγαθόν, ἀόριστον δ' ἀεὶ τὸ γιγνόμενόν ἐστι κατ' αὐτήν. B 13. Ἀλλὰ μὴν τὸ κατά γε φύσιν ἕνεκά του γίγνεται, καὶ βελτίονος ἕνεκεν ἀεὶ συνίσταται ἢ καθάπερ τὸ διὰ τέχνης· μιμεῖται γὰρ οὐ τὴν τέχνην ἡ φύσις ἀλλ' αὐτὴ τὴν φύσιν, καὶ ἔστιν ἐπὶ τῷ βοηθεῖν καὶ τὰ παραλειπόμενα τῆς φύσεως ἀναπληροῦν. τὰ μὲν γὰρ ἔοικεν αὐτὴ δύνασθαι δι' αὑτῆς ἡ φύσις ἐπιτελεῖν καὶ βοηθείας οὐδὲν δεῖσθαι, τὰ δὲ μόλις ἢ παντελῶς ἀδυνατεῖν, οἷον αὐτίκα καὶ περὶ τὰς γενέσεις· ἔνια μὲν δήπου τῶν σπερμάτων εἰς ὁποίαν <ἂν> ἐμπέσῃ γῆν ἄνευ φυλακῆς γεννῶσιν, ἔνια δὲ προσδεῖται τῆς γεωργικῆς τέχνης· παραπλησίως δὲ καὶ τῶν ζῴων τὰ μὲν δι' αὑτῶν ἅπασαν ἀπολαμβάνει τὴν φύσιν, ἄνθρωπος δὲ πολλῶν δεῖται τεχνῶν πρὸς σωτηρίαν κατά τε τὴν πρώτην γένεσιν καὶ πάλιν κατὰ τὴν ὑστέραν τροφήν. B 14. Εἰ τοίνυν ἡ τέχνη μιμεῖται τὴν φύσιν, ἀπὸ ταύτης ἠκολούθηκε καὶ ταῖς τέχναις τὸ τὴν γένεσιν ἅπασαν ἕνεκά του γίγνεσθαι. τὸ γὰρ ὀρθῶς γιγνόμενον ἅπαν ἕνεκά του γίγνεσθαι θείημεν ἄν. οὐκοῦν τό γε καλῶς, ὀρθῶς· καὶ τὸ μὲν γιγνόμενον γίγνεται, γέγονε δὲ τὸ γεγονὸς τό γε μὴν κατὰ φύσιν ἅπαν καλῶς, εἴπερ τὸ παρὰ φύσιν φαῦλον καὶ τῷ κατὰ φύσιν <ἐναντίον· ἡ οὖν κατὰ φύσιν> γένεσις ἕνεκά του γίγνεται. B 15. Καὶ τοῦτ' ἴδοι τις ἂν καὶ ἀφ' ἑκάστου τῶν ἐν ἡμῖν μερῶν· οἷον εἰ κατανοοῖς τὸ βλέφαρον, ἴδοις ἂν ὡς οὐ μάτην ἀλλὰ βοηθείας χάριν τῶν ὀμμάτων γέγονεν, ὅπως ἀνάπαυσίν τε παρέχῃ καὶ κωλύῃ τὰ προσπίπτοντα

B 13. ἀλλὰ μὴν τό γε Schneeweiss ‖ καθάπερ suspectum ‖ αὐτή: fortasse αὕτη ‖ ἢ παντελῶς Zuntz: καὶ παντελῶς F ‖ <ἂν> Kiessling ‖
B 14. μὴν delevit Ross ‖ <ἐναντίον· ἡ οὖν κατὰ φύσιν> Vitelli ‖

durch den Zufall und insofern es durch Zufall entsteht; denn das, was durch ihn entsteht, ist stets unbestimmt. (B 13) Was gemäß der Natur entsteht, entsteht um eines Zweckes willen, und zwar ist ein Naturprodukt stets zweckmäßiger als ein Produkt der Kunst. Denn nicht die Natur ahmt das menschliche Können nach, sondern dieses die Natur, und das Können existiert, um die Natur zu unterstützen und das zu ergänzen, was diese unfertig gelassen hat[13]. Denn das eine scheint die Natur allein aus sich selber heraus vollenden zu können, ohne einer Hilfe zu bedürfen; beim anderen vermag sie es nur mit Mühe oder ist ganz unfähig dazu. Das zeigt sich etwa gleich beim Entstehen der Lebewesen. Einige Samen gehen ohne die geringste Pflege auf, auf welchen Boden sie auch fallen, andere hingegen bedürfen dazu der Ackerbaukunst. Ebenso können von den Lebewesen die einen sich ganz und gar von selbst entwickeln und zur Reife gelangen, der Mensch dagegen bedarf einer Reihe von Kunstfertigkeiten zu seiner Erhaltung, zuerst gleich bei seiner Geburt und später wiederum zu seiner Ernährung. (B 14) Wenn nun das menschliche Können die Natur nachahmt, so beruht es offenbar auf der Natur, daß die Produkte des menschlichen Könnens zweckmäßig sind. Wir dürfen nämlich sagen, daß alles, was richtig entsteht, um eines Zweckes willen entsteht. Denn das, was etwas Schönes ergibt, ist richtig entstanden, und was entsteht oder entstanden ist, alles das ergibt, falls der natürliche Prozeß normal vor sich geht, etwas Schönes. Das Naturwidrige dagegen ist schlecht und dem Naturgemäßen entgegengesetzt. Das normale, naturgemäße Werden vollzieht sich also um eines Zweckes willen. (B 15) Dies kann man an jedem einzelnen unserer Körperteile erkennen. Wenn du z. B. das Augenlid betrachtest, bemerkst du, daß es nicht zwecklos entstanden ist, sondern um die Augen zu schützen, um ihnen Ruhe zu gewähren und zu verhindern, daß Dinge von außen in sie eindringen. Wir meinen dasselbe, wenn wir von den Naturdingen sagen, daß sie um eines Zweckes willen ent-

[13] So auch Phys. II 8, 199 a 16.

πρὸς τὴν ὄψιν. οὐκοῦν ταὐτόν ἐστιν οὗ ἕνεκα γέγονέ τι καὶ οὗ ἕνεκα δεῖ γεγονέναι· οἷον εἰ πλοῖον ἕνεκα τῆς κατὰ θάλατταν κομιδῆς ἔδει γίγνεσθαι, διὰ τοῦτο καὶ γέγονε. B 16. Καὶ μὴν τά γε ζῷα τῶν φύσει <τε καὶ κατὰ φύσιν> γεγενημένων ἐστὶν ἤτοι πάντα τὸ παράπαν ἢ τὰ βέλτιστα καὶ τιμιώτατα· διαφέρει γὰρ οὐδὲν εἴ τις αὐτῶν τὰ πολλὰ παρὰ φύσιν οἴεται γεγενῆσθαι, διά τινα φθορὰν καὶ μοχθηρίαν. τιμιώτατον δέ γε τῶν ἐνταῦθα ζῴων ἄνθρωπός ἐστιν, ὥστε δῆλον ὅτι φύσει τε καὶ κατὰ φύσιν γέγονε. B 17. Εἰ τοίνυν παντὸς ἀεὶ τὸ τέλος ἐστὶ βέλτιον (ἕνεκα γὰρ τοῦ τέλους πάντα γίγνεται τὰ γιγνόμενα, τὸ δ' οὗ ἕνεκα βέλτιον καὶ βέλτιστον πάντων), τέλος δὲ κατὰ φύσιν τοῦτ' ἔστιν ὃ κατὰ τὴν γένεσιν πέφυκεν ὕστατον ἐπιτελεῖσθαι περαινομένης τῆς γενέσεως συνεχῶς· οὐκοῦν πρῶτον μὲν τὸ κατὰ τὸ σῶμα τῶν ἀνθρώπων λαμβάνει τέλος, ὕστερον δὲ τὰ κατὰ τὴν ψυχήν, καί πως ἀεὶ τὸ τοῦ βελτίονος τέλος ὑστερίζει τῆς γενέσεως· οὐκοῦν ψυχὴ σώματος ὕστερον, καὶ τῶν τῆς ψυχῆς τελευταῖον ἡ φρόνησις· τοῦτο γὰρ ὕστατον ὁρῶμεν γιγνόμενον φύσει τοῖς ἀνθρώποις. διὸ καὶ τὸ γῆρας ἀντιποιεῖται τούτου μόνου τῶν ἀγαθῶν· φρόνησις ἄρα τις κατὰ φύσιν ἡμῖν ἐστι τὸ τέλος, καὶ τὸ φρονεῖν ἔσχατον οὗ χάριν γεγόναμεν. οὐκοῦν εἰ γεγόναμεν, δῆλον ὅτι καὶ ἐσμὲν ἕνεκα τοῦ φρονῆσαί τι καὶ μαθεῖν.

B 16. <τε καὶ κατὰ φύσιν> Vitelli, fortasse abundanter ‖ legendum γεγεννημένων, γεγεννῆσθαι ‖ Schol. in marg. Ὅτι γίνεταί τινα ζῷα καὶ παρὰ φύσιν ὡς οἱ ἐν τοῖς τεθνηκόσι σκώληκες σηπομένοις γεννώμενοι καὶ ἐν τοῖς νοσοῦσιν ἕλμινθες ‖

B 17. περαινομένης Pistelli: περαιουμένης in marg. παιρομενοις in textu F ‖

standen sind, wie wenn wir von künstlich hergestellten Dingen sagen, sie seien zu einem bestimmten Zwecke verfertigt worden. Wenn es z. B. gilt, ein Frachtschiff für Transporte über das Meer zu bauen, so ist damit der Zweck angegeben, um dessentwillen es entsteht. (B 16) Von den Lebewesen gehören entweder überhaupt alle oder doch die besten und erhabensten zu dem, was aus der Natur und der Natur gemäß entstanden ist. Es besagt nichts, wenn man dagegen vorbringt, die Mehrzahl der Tiere sei gegen die Natur entstanden, nämlich um zu verderben und Schaden zu stiften. Das erhabenste der auf der Erde vorhandenen Lebewesen[14] ist der Mensch, woraus sich klar ergibt, daß er von Natur und der Natur gemäß entstanden ist. (B 17) Wenn nun 1. das Ziel stets besser ist als das Ding (denn alles entsteht um des Zieles willen und das Weswegen ist stets das Bessere und das Beste von allen), und wenn nun 2. das naturgemäße Ziel dasjenige ist, was im Werdeprozeß als das letzte erreicht wird, wenn dieser bis zur Vollendung hin kontinuierlich verläuft; wenn wir ferner annehmen 3., daß beim Menschen zuerst der Leib zur Vollendung gelangt, erst nachher das, was zur Seele gehört, und daß irgendwie die Vollendung des Besseren im Verhältnis zum Entstehen immer nachher kommt; wenn wir also annehmen 4., daß die Seele später entsteht als der Körper, und daß vom Seelischen wiederum die Geisteskraft als das Letzte entsteht (denn wir sehen ja, daß diese der Natur nach als das Letzte beim Menschen entsteht, und darum ist sie das einzige Gut, dessen Besitz das Greisenalter beansprucht); 5. wenn dies alles angenommen wird, dann ist die Geisteskraft naturgemäß unser Ziel und ihre Ausübung jenes Letzte, um dessentwillen wir entstanden sind. Vorausgesetzt, daß wir der Natur gemäß geworden sind, so ist es klar, daß wir auch existieren, um etwas zu denken und zu lernen.

[14] τῶν ἐνταῦθα ζῴων (oder τὰ ζῷα τὰ θνητά PA I 1, 641 b 17) im Gegensatz zu den Himmelskörpern, τὰ ζῷα τὰ ἀίδια, Lambda 7. 1072 b 29.

B 18. Τί δὴ τοῦτ' ἐστὶν τῶν ὄντων οὗ χάριν ἡ φύσις ἡμᾶς ἐγέννησε καὶ ὁ θεός; τοῦτο Πυθαγόρας ἐρωτώμενος, 'Τὸ θεάσασθαι' εἶπε 'τὸν οὐρανόν', καὶ ἑαυτὸν δὲ θεωρὸν ἔφασκεν εἶναι τῆς φύσεως καὶ τούτου ἕνεκα παρεληλυθέναι εἰς τὸν βίον. B 19. Καὶ Ἀναξαγόραν δέ φασιν εἰπεῖν ἐρωτηθέντα τίνος ἂν ἕνεκα ἕλοιτο γενέσθαι τις καὶ ζῆν, ἀποκρίνασθαι πρὸς τὴν ἐρώτησιν ὡς 'Τοῦ θεάσασθαι [τὰ περὶ] τὸν οὐρανὸν καὶ <τὰ> περὶ αὐτὸν ἄστρα τε καὶ σελήνην καὶ ἥλιον', ὡς τῶν ἄλλων γε πάντων οὐδενὸς ἀξίων ὄντων. B 20. Καλῶς ἄρα κατά γε τοῦτον τὸν λόγον Πυθαγόρας εἴρηκεν ὡς ἐπὶ τὸ γνῶναί τε καὶ θεωρῆσαι πᾶς ἄνθρωπος ὑπὸ τοῦ θεοῦ συνέστηκεν. ἀλλὰ τοῦτο τὸ γνωστὸν πότερον ὁ κόσμος ἐστὶν ἤ τις ἑτέρα φύσις, σκεπτέον ἴσως ὕστερον, νῦν δὲ τοσοῦτον ἱκανὸν τὴν πρώτην ἡμῖν· εἰ γάρ ἐστι κατὰ φύσιν τέλος ἡ φρόνησις, ἄριστον ἂν εἴη πάντων τὸ φρονεῖν. B 21. Ὥστε τὰ μὲν ἄλλα δεῖ πράττειν ἕνεκα τῶν ἐν αὐτῷ γιγνομένων ἀγαθῶν, τούτων δ' αὐτῶν τὰ μὲν ἐν τῷ σώματι τῶν ἐν <τῇ> ψυχῇ, τὴν δ' ἀρετὴν τῆς φρονήσεως· τοῦτο γάρ ἐστιν ἀκρότατον.

B 22. [Εἰς ταὐτὸ δὲ φέρει τέλος καὶ ἡ τοιάδε ἔφοδος.] B 23. Πᾶσα φύσις <οὖν> ὥσπερ ἔχουσα λόγον οὐθὲν μὲν εἰκῇ ποιεῖ, ἕνεκα δέ τινος πάντα, καὶ μᾶλλον τοῦ ἕνεκά τινος τὸ εἰκῇ ἐξορίσασα πεφρόντικεν ἤπερ αἱ τέχναι, ὅτι καὶ φύσεως αἱ τέχναι ἦσαν μιμήματα. τοῦ δ' ἀνθρώπου συνεστῶτος φύσει ἐκ ψυχῆς τε καὶ σώματος,

B 18. Τί δὴ – Πυθαγόρας Zuntz: καὶ τοῦτο . . . καὶ ὁ θεός. τί δὴ τοῦτό ἐστι Πυθαγόρας F Schneeweiss || Si summaria Iamblichi (p. 4, 11 Pistelli) respicis, haec fere Aristotelem scripsisse dixeris: Πυθαγόρας δὲ τοῦτ' ἐρωτώμενος τί ἐστι καὶ τίνος ἕνεκα γεγόναμεν τοῖς ἐν Φλιοῦντι πυνθανομένοις 'τὸ . . . ||

B 19. [τὰ περὶ] Pistelli || <τὰ> Pistelli || <τὰ ἄστρα, τὴν σελήνην τε καὶ τὸν ἥλιον> Jaeger post οὐρανόν ||

B 20. τὸ γνῶναι: fortasse τῷ Scaliger, Pistelli || ἀλλὰ πρώτην ἡμῖν a Iambl. add. esse censet Schneeweiss ||

B 21. τῶν ἐν αὑτῷ Ross || <τῇ> Kiessling ||

(B 18) Laß uns jetzt die Frage stellen, für welchen unter den existierenden Gegenständen des Denkens der Gott uns hervorgebracht hat. Als Pythagoras von den Einwohnern in Phleius danach gefragt wurde, gab er zur Antwort: „Um den Himmel zu betrachten". Er pflegte sich einen Betrachter der Natur zu nennen und zu sagen, er sei um dessentwillen ins Leben eingetreten. (B 19) Von Anaxagoras wiederum wird erzählt, er habe auf die Frage, um welches Zweckes willen der Mensch sich wünschen könnte, geboren zu werden und zu leben, erwidert: „Um den Himmel zu betrachten und die Sterne an ihm und den Mond und die Sonne", als ob alles übrige nicht der Mühe wert sei[15]. (B 20) Gemäß dieser Argumentation hat also Pythagoras mit Recht behauptet, jeder Mensch sei von dem Gotte zum Erkennen und Nachdenken gebildet worden. Ob der Gegenstand dieses Erkennens die Weltordnung oder irgendeine andere Natur ist, wird vielleicht später zu prüfen sein; vorerst genügt uns als Grundlage das Gesagte. Wenn nämlich der Natur gemäß das Ziel die Geisteskraft ist, dann ist es zweifellos das Beste von allem, sie auszuüben. (B 21) Darum muß man alles andere um des Guten willen tun, das im Menschen selbst enthalten ist; von diesem wiederum die körperlichen Dinge um der seelischen willen und die Tugend um der Geisteskraft willen, denn diese ist das Höchste.

(B 22) Zu demselben Ziele ‹nämlich, daß derjenige, der glücklich werden will, philosophieren muß› führt folgender Gedankengang. (B 23) Da in der ganzen Natur Ordnung herrscht, tut sie nichts zufällig, sondern alles auf einen bestimmten Zweck hin. Indem sie das Zufällige ausscheidet, sorgt sie für die Verwirklichung des Zweckes in noch höherem Maße als alle menschliche Kunst, denn das menschliche Können ist, wie wir schon wissen, Nachahmung der Natur. Da von Natur aus der Mensch aus Seele und Leib zusammengesetzt ist, die Seele wertvoller ist als der Leib, ferner das Geringere immer dem Besseren um eines Zweckes willen unter-

[15] Vgl. die Schlußworte B 110.

βελτίονος δ' οὔσης τῆς ψυχῆς τοῦ σώματος καὶ ἀεὶ τοῦ βελτίονος ἕνεκα ὑπηρετουμένου τοῦ χείρονος, καὶ τὸ σῶμα τῆς ψυχῆς ἕνεκ' εἶναι. τῆς ψυχῆς δὲ τὸ μὲν ἦν ἔχον λόγον, τὸ δ' οὐκ ἔχον, ὅπερ καὶ χεῖρον· ὥστε τὸ ἄλογον ἕνεκα τοῦ λόγον ἔχοντος. ἐν δὲ τῷ λόγον ἔχοντι ὁ νοῦς· ὥστε τοῦ νοῦ ἕνεκα πάντ' εἶναι ἀναγκάζει ἡ ἀπόδειξις. B 24. Τοῦ δ' αὖ νοῦ αἱ νοήσεις ἐνέργειαι, ὁράσεις οὖσαι νοητῶν, ὡς τοῦ ὁρατικοῦ ἐνέργεια ὁρᾶν τὰ ὁρατά. νοήσεως οὖν καὶ νοῦ <ἕνεκα> πάνθ' αἱρετὰ τοῖς ἀνθρώποις, εἴπερ τὰ μὲν ἄλλα τῆς ψυχῆς ἕνεχ' αἱρετά, νοῦς δὲ τὸ βέλτιστον τῶν κατὰ ψυχὴν [μόνον], τοῦ δὲ βελτίστου τὰ ἄλλα συνέστηκε χάριν. B 25. Πάλιν δὲ τῶν διανοήσεων ἐλεύθεραι μὲν ἦσαν ὅσαι δι' αὑτὰς αἱρεταί, δούλαις δ' ἐοικυῖαι αἱ δι' ἄλλα τὴν γνῶσιν † ἀπερείδουσαι †. κρεῖττον δὲ πανταχοῦ τὸ δι' αὑτὸ τοῦ δι' ἄλλο, ὅτι καὶ τὸ ἐλεύθερον τοῦ μὴ τοιούτου. B 26. Χρωμένων δὴ τῶν πράξεων τῇ διανοίᾳ, κἂν αὐτὸς ὑποβάλλῃ τὸ συμφέρον καὶ ταύτῃ ἡγῆται, ἀλλ' ἕπεταί γε ταύτῃ καὶ δεῖταί γε καὶ τοῦ διακονήσοντος σώματος καὶ ἀναπίμπλαταί γε καὶ τῆς τύχης, † ὑπὲρ ὧν ἀποδίδωσι τὰς πράξεις ὧν ὁ νοῦς κύριος, καὶ διὰ σώματος αἱ πολλαί †. B 27. Ὥστε τῶν διανοήσεων αἱ δι' αὑτὸ ψιλὸν τὸ

B 23. <οὖν> Düring ‖ ἐξορίσασα Pistelli: ἐξορίσασθαι F ‖ ἕνεκα εἶναι F: ἕνεκά ἐστι Vitelli, Schneeweiss ‖ τὸ δ' οὐκ ἔχον: τὸ δ' ἄλογον Kiessling ex apogr. Ciz. ‖ Ad 23 hoc scholium in marg.: Ὅτι καὶ τὴν φύσιν λόγον τινὰ ἔχουσαν λαμβάνει διὰ τὸ πάντα πρός τι ποιεῖν καὶ ἕνεκά τινος· τοῦτο δὲ καὶ Γαληνῷ δοκεῖ ‖

B 24. <ἕνεκα> Vulcanius ‖ [μόνον] suspexit Pistelli ‖

B 25. ἦσαν: fortasse legendum εἰσίν ‖ ἀπερείδουσαι non intellego: fortasse legendum ἀποδιδοῦσαι Schneeweiss vel ἀπεργαζόμεναι ‖

B 26. αὐτὸς <sc. ὁ πράττων>, αὐτὸς ὁ νοῦς schol. ‖ γε ταύτῃ Düring: γε ταύταις F ‖ † ὑπὲρ – αἱ πολλαί †: fortasse legendum καὶ εὖ ἀποδίδωσι τὰς πράξεις ὧν ὁ νοῦς κύριος, καίτοι γε διὰ σώματος αἱ πολλαί. ‖

geordnet ist, so besteht der Leib um der Seele willen. Wir wissen schon, daß die Seele teils rational, teils irrational und daß der irrationale Teil von geringerem Werte ist. Wir folgern, daß der irrationale Teil um des rationalen willen besteht. Der rationale Teil enthält den Verstand[16]. Der Beweisgang führt also zwingend zu dem Schluß, daß alles um des Verstandes willen besteht. (B 24) Die Tätigkeit des Verstandes ist das Denken, und das Denken besteht im Anschauen der Denkgegenstände, so wie die Tätigkeit des Gesichtsorganes das Sehen des Sichtbaren ist. Es sind also das Denken und der Verstand, die für die Menschen alles erstrebenswert machen, denn die übrigen Dinge sind um der Seele willen erstrebenswert, im Bereich der Seele ist der Verstand das Wertvollste, um dessentwillen alles übrige besteht. (B 25) Unter den Denkakten sind die einen vollkommen frei, diejenigen nämlich, die um ihrer selbst willen vollzogen werden[17]. Die Denkakte, die Kenntnisse um irgend etwas anderen willen hervorbringen, gleichen Dienern. Was um seiner selbst willen getan wird, wird stets höher bewertet als das, was als Mittel zu etwas anderem getan wird; so steht auch das, was frei ist, höher als das, was nicht frei ist. (B 26) Wenn wir in unserem Handeln uns der Überlegung bedienen, so folgen wir ihrer Führung, auch wenn der Überlegende seinen eigenen Vorteil im Auge hat und seine Handlungsweise von diesem Gesichtspunkt her bestimmt. Er gebraucht seinen Leib als Diener und muß sogar dem Zufall einen großen Spielraum gewähren; im allgemeinen vollzieht er solche Handlungen wohl, bei denen die Überlegung eine dominierende Rolle spielt, auch wenn er für die meisten Handlungen seinen Leib als ein Werkzeug anwenden muß[18]. (B 27) Das reine, zweckfreie Denken ist also

[16] ὁ νοῦς kann mit Verstand, Vernunft, Geist oder Intuition übersetzt werden.

[17] So auch Alpha I 2, 982 b 19–28 über das Suchen der zweckfreien Erkenntnis. Im überlieferten Text ist ἀπερείδουσαι eine Korruptel; ich lese ἀπεργαζόμεναι oder ἀποδιδοῦσαι.

[18] Der Text ist in den Einzelheiten unsicher, die Gedankenführung scheint mir aber klar zu sein.

θεωρεῖν αἱρεταὶ τιμιώτεραι καὶ κρείττους τῶν πρὸς ἄλλα χρησίμων· δι' αὐτὰς δὲ τίμιοι αἱ θεωρίαι καὶ αἱρετὴ ἐν ταύταις τοῦ νοῦ ἡ σοφία, διὰ δὲ πράξεις αἱ κατὰ φρόνησιν· ὥστε τὸ ἀγαθὸν καὶ τίμιον ἐν ταῖς κατὰ σοφίαν θεωρίαις, θεωρίαις δ' οὐ δήπου πάλιν ταῖς τυχούσαις· [οὐ γὰρ πᾶσα ἁπλῶς κατάληψις τίμιον, ἀλλ' ἡ τοῦ ἄρχοντος σοφοῦ ὄντος καὶ τῆς ἐν τῷ παντὶ ἀρχῆς, αὕτη καὶ σοφίᾳ σύνοικος καὶ οἰκείως ἂν ὑποκέοιτο.] B 28. Αἰσθήσεως μὲν οὖν καὶ νοῦ ἀφαιρεθεὶς ἄνθρωπος φυτῷ γίγνεται παραπλήσιος, νοῦ δὲ μόνου ἀφῃρημένος ἐκθηριοῦται, ἀλογίας δ' ἀφαιρεθεὶς μένων δ' ἐν τῷ νῷ ὁμοιοῦται θεῷ. B 29. Ὧι γὰρ τῶν ἄλλων διαφέρομεν ζῴων, ἐν μόνῳ δὴ τούτῳ τῷ βίῳ διαλάμπει, ᾧ οὐκ ἦν τι τυχὸν καὶ οὐ μεγάλην ἔχον ἀξίαν. λόγου μὲν γὰρ καὶ φρονήσεως μικρά τινα καὶ ἐν ἐκείνοις αἰθύγματα, σοφίας δὲ θεωρητικῆς ταῦτα μὲν παντελῶς ἄμοιρα, [μόνοις δὲ μέτεστι † θεοῖς †,] ὡς αἰσθήσεσί γε καὶ ὁρμαῖς πολλῶν ἤδη ζῴων τῆς ἀκριβείας καὶ τῆς ἰσχύος λείπεται ἄνθρωπος. B 30. [Καὶ μόνον τοῦτ' ὄντως ἀγαθὸν ἀναφαίρετον, ὃ δὴ περιέχειν συγχωροῦσι τὴν τοῦ ἀγαθοῦ ἔννοιαν, οὐδαμῶς μὲν τοῖς τυχηροῖς ὑποτάττοντος

B 27. αἱρετὴ Arcerius, editores: ἀρετή F ‖ τίμιοι, in marg. καὶ Θουκυδίδης (I 32,1) 'τὴν χάριν βέβαιον' schol. qui τίμιον legisse videtur ‖
B 29. ἐν μόνῳ δὴ τούτῳ τῷ <sc. κατὰ νοῦν> βίῳ ‖ post θεοῖς <καὶ ἀνθρώποις> Düring, <καὶ τῷ ἐν ἀνθρώπῳ νῷ θείῳ ὄντι> Gigon, Flashar ‖ πολλῶν ἤδη ζῴων: fortasse legendum πολλῷ ἤδη <τῶν> ζῴων ‖

ehrwürdiger und wertvoller als ein Denken, das Diener ist, um etwas anderes zu erzielen. Das reine Denken ist aus sich selbst ehrwürdig, und erstrebenswert an ihm ist die Weisheit des Verstandes, ebenso wie die praktische Lebensklugheit erstrebenswert ist um des Handelns willen. Das Gute und das Ehrwürdige liegen also vor allem im philosophischen Denken, freilich nicht in jedem beliebigen derartigen Denken; [denn nicht jede Vorstellung schlechthin ist ehrwürdig; nur vom Denken eines Meisters der Philosophie, wenn es auf das im Weltall herrschende Prinzip gerichtet ist, darf man annehmen, daß es der Weisheit nahesteht und Weisheit im eigentlichen Sinne ist][19]. (B 28) Der Wahrnehmung und des Verstandes beraubt, wird der Mensch einer Pflanze gleich; ist ihm der Verstand allein weggenommen, verwandelt er sich in ein Tier; vom Irrationalen befreit und im Geiste verharrend, wird er dem Gotte ähnlich. (B 29) Denn der Verstand, durch den wir uns von den übrigen Lebewesen unterscheiden, kommt zu seinem vollen Recht allein in derjenigen Lebensform[20], die das Zufällige und Wertlose nicht anerkennt. Gewiß gibt es auch bei den Tieren[21] kleine Funken von Klugheit und Verstand, doch an der philosophischen Geisteskraft haben sie nicht den allergeringsten Anteil. Die kommt nur den Göttern zu ‹und dem Geiste im Menschen›[22]. Andererseits wird der Mensch an Schärfe der Sinneswahrnehmung und an natürlichen Instinkten[23] von vielen Tieren weit übertroffen. (B 30) Das Verstandesleben ist in Wahrheit das einzige, was vom Guten nicht abgesondert werden kann, und es ist allgemein anerkannt, daß es in der Vorstellung vom Guten einbegriffen ist. Denn der

[19] Der Text wurde von Iamblichos stark umformuliert und ist in Einzelheiten unsicher.

[20] In einem der Philosophie gewidmeten Leben, βίος θεωρητικός.

[21] Die Musterbeispiele bei Aristoteles sind die Bienen und die Ameisen, die Spinne und die Schwalbe.

[22] Der Text ist korrupt, s. meinen Kommentar.

[23] ὁρμαῖς, auch Triebe, z. B. HA VI 29, 578 b 33, Pol. I 2, 1253 a 29. In MM und EE spielt der Begriff ἄλογος ὁρμή eine große Rolle, vgl. Dirlmeier MM S. 423.

ἑαυτὸν κατὰ τοῦτον τὸν βίον τοῦ σπουδαίου, ἀπὸ δὲ τῶν ὑποχειρίων τῇ τύχῃ μάλιστα δὴ πάντων ἑαυτὸν ἐλευθερώσαντος. διὸ καὶ τὸ θαρρεῖν ἐξ ὅλης τῆς γνώμης ἐν τούτῳ διατελοῦντ' ἔνεστι τῷ βίῳ.]

B 31. [Ἔτι τοίνυν, ἐπεὶ τὰ δυνατὰ καὶ ὠφέλιμα πάντες αἱρούμεθα, παραδεκτέον ὡς τῷ φιλοσοφεῖν ἀμφότερα ταῦτα ὑπάρχει, καὶ ὅτι τὴν χαλεπότητα τῆς κτήσεως ὑποδεεστέραν ἔχει τοῦ μεγέθους τῆς ὠφελείας· τὰ γὰρ ῥᾴω πάντες ἥδιον πονοῦμεν.] B 32. Ὅτι μὲν οὖν τὰς περὶ τῶν δικαίων καὶ τῶν συμφερόντων, ἔτι δὲ περὶ φύσεώς τε καὶ τῆς ἄλλης ἀληθείας ἐπιστήμας δυνατοὶ λαβεῖν ἐσμεν, ῥᾴδιον ἐπιδεῖξαι. B 33. Ἀεὶ γὰρ γνωριμώτερα τὰ πρότερα τῶν ὑστέρων καὶ τὰ βελτίω τὴν φύσιν τῶν χειρόνων. τῶν γὰρ ὡρισμένων καὶ τεταγμένων ἐπιστήμη μᾶλλόν ἐστιν ἢ τῶν ἐναντίων, ἔτι δὲ τῶν αἰτίων ἢ τῶν ἀποβαινόντων. ἔστι δ' ὡρισμένα καὶ τεταγμένα τἀγαθὰ τῶν κακῶν μᾶλλον, ὥσπερ ἄνθρωπος ἐπιεικὴς ἀνθρώπου φαύλου· τὴν αὐτὴν γὰρ ἔχειν ἀναγκαῖον αὐτὰ πρὸς ἄλληλα διαφοράν. αἴτιά τε μᾶλλον τὰ πρότερα τῶν ὑστέρων· ἐκείνων γὰρ ἀναιρουμένων ἀναιρεῖται τὰ τὴν οὐσίαν ἐξ ἐκείνων ἔχοντα, μήκη μὲν ἀριθμῶν, ἐπίπεδα

B 31. παραδεκτέον Düring: ἀποδεικτέον Pistelli: παραδεικτέον F ||

B 32. καὶ <περὶ> τῆς ἄλλης ἀληθείας Jaeger, Wilpert ||

B 33. ἀμφότερα add. post γνωριμώτερα Iambl. De Comm. Math. Sc. p. 81,7 Festa || τἀγαθὰ – διαφοράν: τὰ ἐν τοῖς ἀκινήτοις μαθηματικοῖς εἴδεσιν ibid. p. 81,12 || στοιχείων δ' αἱ ὀνομαζόμεναι συλλαβαί Wilpert, sed iam schol. in marg. Δεῖ οὕτω συντάξαι· στοιχείων – συλλαβαί· τρόπος γάρ ἐστιν ὡς τὸ 'χασσάμενος πελεμίχθη'.: στοιχεῖα δὲ τῶν ὀνομαζομένων συλλαβῶν F: om. Iambl. De Comm. Math. Sc.; a Iamblicho add. esse censent de Strycker et Schneeweiss, sed cfr B 36 ||

hochwertige Mann, der in seinem Leben dem Verstande folgt, fällt nicht dem Zufälligen zum Opfer, sondern in höherem Maße als alle anderen Menschen weiß er sich von dem zu befreien, was dem Zufall unterliegt. Wenn du dich aus voller Überzeugung dieser Lebensform stets hingibst, kannst du zuversichtlich sein[24].

(B 31) Wir wählen alle dasjenige, was zugleich erreichbar und nützlich ist. Also muß anerkannt werden, daß die Philosophie diese beiden Eigenschaften besitzt und daß die Schwierigkeit, sie zu erwerben, geringer ist als der Nutzen, den sie gewährt. Denn wir alle bemühen uns lieber um das, was leichter ist. (B 32) Es ist leicht, den Nachweis zu führen, daß wir fähig sind, uns das Wissen vom Gerechten und Ersprießlichen und ebenso das Wissen von der Natur und dem sonst noch wahrhaft Seienden[25] anzueignen. (B 33) Das Primäre und Einfache ist immer bekannter als das Sekundäre und daraus Bestehende; ebenso ist das in der natürlichen Prioritätsskala Höhere bekannter als das Niedrigere. Das Wissen beschäftigt sich eher mit dem logisch Determinierten und Geordneten als mit seinem Gegenteil und eher mit den grundlegenden Faktoren[26] als mit dem aus diesen sich Ergebenden. Nun sind ferner gute Dinge in höherem Maße determiniert und geordnet als schlechte, z. B. ein trefflicher Mensch im Verhältnis zum gemeinen Menschen. Gegensätze wie diese müssen dieselben Unterscheidungsmerkmale haben[27]. Das Primäre hat eher den Charakter einer Ursache als das Sekundäre; wird nämlich jenes aufgehoben, so wird auch aufgehoben, was sein Sein von ihm erhalten hat: die Linien, wenn die Zahlen, die Flächen,

[24] Der Text in B 30 ist eine von Iamblichos vorgenommene Zusammenfassung; die Sprache ist teilweise unaristotelisch.

[25] Also zwei Wissenszweige: Ethik = περὶ τῶν δικαίων καὶ συμφερόντων, Naturphilosophie = περὶ φύσεως καὶ τῆς ἄλλης ἀληθείας, vgl. den Kommentar.

[26] Eine Anspielung auf seine Lehre von den vier αἰτίαι.

[27] Terminologisch unterscheidet Aristoteles im Begriffsgebäude Gattung (γένος), Unterscheidungsmerkmal (διαφορά), Art (εἶδος) und Individuum (ἄτομον); diese Termini sind immer relativ.

δὲ μηκῶν, στερεὰ δὲ ἐπιπέδων, στοιχείων δ' αἱ ὀνομαζόμεναι συλλαβαί. B 34. Ὥστ' εἴπερ ψυχὴ μὲν σώματος ἄμεινον (ἀρχικώτερον γὰρ τὴν φύσιν ἐστί), περὶ δὲ σῶμα τέχναι καὶ φρονήσεις εἰσὶν ἰατρική τε καὶ γυμναστικὴ (ταύτας γὰρ ἡμεῖς ἐπιστήμας τίθεμεν καὶ κεκτῆσθαί τινας αὐτάς φαμεν), δῆλον ὅτι καὶ περὶ ψυχὴν καὶ τὰς ψυχῆς ἀρετὰς ἔστι τις ἐπιμέλεια καὶ τέχνη, καὶ δυνατοὶ λαβεῖν αὐτήν ἐσμεν, εἴπερ γε καὶ τῶν μετ' ἀγνοίας πλείονος καὶ γνῶναι χαλεπωτέρων. B 35. Ὁμοίως δὲ καὶ τῶν περὶ φύσεως· πολὺ γὰρ πρότερον ἀναγκαῖον τῶν αἰτίων καὶ τῶν στοιχείων εἶναι φρόνησιν ἢ τῶν ὑστέρων· οὐ γὰρ ταῦτα τῶν ἄκρων οὐδ' ἐκ τούτων τὰ πρῶτα πέφυκεν, ἀλλ' ἐξ ἐκείνων καὶ δι' ἐκείνων τἄλλα γίγνεται καὶ συνίσταται φανερῶς. B 36. Εἴτε γὰρ πῦρ εἴτ' ἀὴρ εἴτ' ἀριθμὸς εἴτ' ἄλλαι τινὲς φύσεις αἰτίαι καὶ πρῶται τῶν ἄλλων, ἀδύνατον τῶν ἄλλων τι γιγνώσκειν ἐκείνας ἀγνοοῦντας· πῶς γὰρ ἄν τις ἢ λόγον γνωρίζοι συλλαβὰς ἀγνοῶν, ἢ ταύτας ἐπίσταιτο μηδὲν τῶν στοιχείων εἰδώς; B 37. Ὅτι μὲν οὖν τῆς ἀληθείας καὶ τῆς περὶ ψυχὴν

B 34. In libro De Comm. Math. Sc. Iambl. his verbis utitur: ὥστε εἴπερ πάντων ἐστὶν ἁπλούστερα τὰ ἐν τοῖς μαθήμασιν, ἔσται καὶ ἀρχικώτερα πάντων. ὥστε περὶ τὰ ἀμείνονα καὶ ἀρχηγικώτερα ἔσονται πολὺ μᾶλλον ἐπιστῆμαι, καὶ δυναταὶ κτήσασθαι ὑπάρχουσι ‖

B 35. Ὁμοίως – φύσεως om. De Comm. Math. Sc. ‖ καὶ add. ante τἄλλα De Comm. Math. Sc. ‖

B 36. πρῶται: πρότεραι Richards ‖

B 37. ἔστιν ἐπιστήμη: legendum εἰσὶν ἐπιστῆμαι si corrigere Iamblichum vis ‖

wenn die Linien, die Körper, wenn die Flächen aufgehoben werden; ebenso das Wort, wenn die Silbe, und die Silbe, wenn der Buchstabe aufgehoben wird[28]. (B 34) Daher, wenn die Seele wertvoller ist als der Leib (denn sie ist ihrer Natur nach das Herrschende), und wenn es in bezug auf den Leib menschliches Können und Wissen gibt, wie z. B. Medizin und Gymnastik (diese nennen wir Wissenszweige und behaupten, daß es Menschen gibt, die sie beherrschen), dann ist es klar, daß es auch in bezug auf die Seele und der Trefflichkeit der Seele irgendeine Fürsorge und ein Können geben muß, und daß wir fähig sind, sie zu erwerben; denn wir können uns ja ein Wissen aneignen von Dingen, bei denen unsere Unkenntnis noch größer ist und die schwieriger zu erkennen sind. (B 35) Ähnlich verhält es sich mit dem Wissen von der Natur; es ist von vornherein notwendiger, Einsicht in die Grundfaktoren[29] und die einfachsten Elemente in der Natur zu haben, als in das, was sekundär daraus entstanden ist. Denn dieses Letztgenannte gehört nicht zu den prinzipiell ersten Dingen[30], und nicht aus diesen hat das Primäre sein Dasein, sondern aus jenem Primären entsteht und durch jenes Primäre existiert offenbar das übrige. (B 36) Mögen nun Feuer, Luft, Zahl oder irgendwelche anderen ‚Naturen' Grundfaktoren und primär im Verhältnis zum übrigen sein, in jedem Falle ist es ausgeschlossen, irgendetwas vom übrigen zu erkennen, solange man jene nicht kennt. Denn wie sollte jemand gesprochene Worte verstehen können, wenn er die Silben nicht kennt, oder die Silben, wenn er nichts von den Buchstaben weiß? (B 37) Zum Thema, daß es ein Wissen von der Wahrheit[31] und ein Wissen

[28] Aus Περὶ τἀγαθοῦ, Alex. in Met. 85, 18–21 = Περὶ ἰδεῶν fr. 4, S. 126 Ross. In EE I 8, 1218 a 1–15 übt Aristoteles keine Selbstkritik, wie DIRLMEIER EE 196 meint; darüber H. J. KRÄMER, Arete bei Platon 268.

[29] Strukturerkenntnis.

[30] τὰ ἄκρα sind die Prinzipien, αἱ ἀκρότατααι αἰτίαι Gamma 1, 1003 a 26, die Reflexionsbegriffe, mit deren Hilfe wir das übrige analysieren und erkennnen.

[31] Phys. I 8, 191 a 25 heißt es τὴν ἀλήθειαν καὶ τὴν φύσιν τὴν τῶν ὄντων. Er meint ein Wissen von den Prinzipien der Natur, wie in B 32.

ἀρετῆς ἔστιν ἐπιστήμη καὶ διότι δυνατοὶ λαβεῖν αὐτάς ἐσμεν, ταῦθ' ἡμῖν εἰρήσθω περὶ αὐτῶν.

B 38. Ὅτι δὲ <καὶ> μέγιστόν ἐστι τῶν ἀγαθῶν <sc. ἡ φρόνησις> καὶ πάντων ὠφελιμώτατον τῶν ἄλλων, ἐκ τῶνδε δῆλον· πάντες γὰρ ὁμολογοῦμεν ὅτι δεῖ τὸν μὲν σπουδαιότατον ἄρχειν καὶ τὸν τὴν φύσιν κράτιστον, τὸν δὲ νόμον ἄρχοντα καὶ κύριον εἶναι μόνον· οὗτος δὲ φρόνησίς τις καὶ λόγος ἀπὸ φρονήσεώς ἐστιν. B 39. Ἔτι δὲ τίς ἡμῖν κανὼν ἢ τίς ὅρος ἀκριβέστερος τῶν ἀγαθῶν πλὴν ὁ φρόνιμος; ὅσα γὰρ ἂν οὗτος ἕλοιτο κατὰ τὴν ἐπιστήμην αἱρούμενος, ταῦτ' ἐστὶν ἀγαθὰ καὶ κατὰ δὲ τὰ ἐναντία τούτοις. B 40. Ἐπεὶ δὲ πάντες αἱροῦνται μάλιστα τὰ κατὰ τὰς οἰκείας ἕξεις (τὸ μὲν γὰρ δικαίως ζῆν ὁ δίκαιος, τὸ δὲ κατὰ τὴν ἀνδρείαν ὁ τὴν ἀνδρείαν ἔχων, ὁ δὲ σώφρων τὸ σωφρονεῖν), ὁμοίως δῆλον ὅτι καὶ τὸ φρονεῖν ὁ φρόνιμος αἱρήσεται πάντων μάλιστα· τοῦτο γὰρ ἔργον ταύτης τῆς δυνάμεως. ὥστε φανερὸν ὅτι κατὰ τὴν κυριωτάτην κρίσιν κράτιστόν ἐστι τῶν ἀγαθῶν ἡ φρόνησις. B 41. Ἴδοι δ' ἄν τις τὸ αὐτὸ γνωριμώτερον ἀπὸ τούτων. τὸ φρονεῖν καὶ τὸ γιγνώσκειν ἐστὶν αἱρετὸν καθ' αὑτὸ τοῖς ἀνθρώποις (οὐδὲ γὰρ ζῆν δυνατὸν ὡς ἀνθρώποις ἄνευ τούτων), χρήσιμόν τ' εἰς τὸν βίον ὑπάρχει· οὐδὲν γὰρ ἡμῖν ἀγαθὸν παραγίγνεται, ὅ τι μὴ λογισαμένοις καὶ κατὰ φρόνησιν ἐνεργήσασιν τελειοῦται. [καὶ μὴν εἴτε τὸ ζῆν εὐδαιμόνως ἐν τῷ χαίρειν ἐστὶν εἴτ' ἐν τῷ τὴν ἀρετὴν ἔχειν εἴτ' ἐν τῇ φρονήσει, κατὰ ταῦτα πάντα φιλοσοφητέον· ταῦτα γὰρ μάλιστα καὶ εἰλικρινῶς διὰ τοῦ φιλοσοφεῖν

B 38. <καὶ> Düring e De Comm. Math. Sc., ubi Iamblichus his verbis utitur: ὅτι δὲ καὶ μέγιστόν ἐστι τῶν ἀγαθῶν καὶ πάντων ὠφελιμώτατον τῶν ἄλλων ἐπίστασθαι τὰ μαθήματα ἐκ τῶνδε δῆλον· λόγος γὰρ καὶ φρόνησις ἡγεῖται τῶν ἀγαθῶν. ‖ ὅτι δὲ . . . δῆλον om. Schneeweiss ‖ δεῖ τὸν μὲν Richards: δεῖ μὲν τὸν F ‖ νόμον, in marg.: ἰστέον ὅτι ἡ τοῦ 'μόνον' προσθήκη ἐξισάζειν λέγει τῷ ἄρχοντι· ὥστε καὶ ἀντικατηγορεῖται schol. ‖ οὗτος γὰρ φρόνησις melius erat ‖

B 39. In libro De Comm. Math. Sc. haec: κανών τε καὶ ὅρος ἀκριβέστατος τῶν ἀγαθῶν οὐδεὶς ἄλλος ἐστὶ πλὴν ὁ φρόνιμος· ὅσα γὰρ ἂν οὗτος ἕλοιτο, ταῦτ' ἐστὶν ἀγαθά, κακὰ δὲ τἀναντία τούτοις ‖

B 40. τὰ ante κατὰ τὰς οἰκείας om. De Comm. Math. Sc. ‖ καὶ <κατὰ> τὸ φρονεῖν mavult Monan ‖

B 41. Summarium cap. VII annot. in marg. Ἰδιάζουσαι παρακλήσεις πρὸς τὴν θεωρητικὴν φιλοσοφίαν καὶ διαφερόντως τὴν κατὰ νοῦν ζωήν, αἱ μὲν ἀπὸ τῆς τοῦ ὄντως ἀνθρώπου φύσεως, αἱ δὲ ἀπὸ τῶν ἐναργῶν ὑπομιμνήσκουσαι τουτὶ τὸ προκείμενον. ‖ Ἴδοι . . . τὸ φρονεῖν: Τὸ γοῦν φρονεῖν Schneeweiss ‖ καὶ μὴν . . . παραγίγνεται om. Schneeweiss ‖

von der Trefflichkeit der Seele gibt und daß wir fähig sind, uns beide anzueignen, möge dies gesagt sein.

(B 38) Daß nun auch diese ‹Einsicht in die Prinzipien› das größte der Güter und nützlicher als alles andere ist, dies ergibt sich aus folgendem. Wir sind alle darin einig, daß der ethisch hochstehende und seiner Natur nach kraftvollste Mann regieren soll[32], ferner, daß das Gesetz allein Regent und Herr ist, das Gesetz nämlich, das in seinem Wortlaut eine weise Einsicht zum Ausdruck bringt. (B 39) Ferner: Wer kann uns ein genauerer Maßstab und ein Richtpunkt für das Gute sein als der sittlich einsichtige Mensch? Wofür er sich entscheidet, wenn er auf Grund von Überlegung und Wissen eine Wahl trifft, das ist gut, und schlecht ist das Gegenteil davon. (B 40) Alle Menschen entscheiden sich für das, was am meisten mit ihrem Charakter in Einklang steht, so z. B. der Gerechte für das gerechte Leben, der Tapfere für das tapfere und der Besonnene für das besonnene Leben. In ähnlicher Weise ist es klar, daß der mit Geisteskraft begabte Mensch sich für die Philosophie entscheiden wird, denn zu philosophieren ist die Aufgabe dieser Kraft. Aus dieser mit möglichster Sicherheit vorgenommenen Beurteilung ergibt sich klar, daß die Geisteskraft das höchste aller Güter ist. (B 41) Daß diese These wahr ist, läßt sich noch klarer aus Folgendem ersehen. Nachdenken und Erkennen sind für den Menschen an sich erstrebenswert, denn ohne beides kann man ein menschenwürdiges Leben überhaupt nicht leben. Sie sind aber auch nützlich für das praktische Leben, denn nichts erscheint uns als gut, wenn es nicht mit Überlegung und durch einsichtsvolle Tätigkeit zur Vollendung gebracht wird[33]. Mag das glückliche Leben in Freude und Wohlbefinden bestehen oder im Besitz ethischer Trefflichkeit oder in der Ausübung der Geisteskraft, in jedem dieser Fälle muß man philosophieren; denn zu einer klaren Ansicht über diese Dinge gelangen wir allein durch das

[32] Vgl. die Diskussion im Gorgias 488 b ff. EN X 10, 1180 a 21.

[33] D. h. es muß eine ethische Situation vorliegen und eine Wahl getroffen werden.

ἡμῖν παραγίγνεται.] B 42. Τὸ δὲ ζητεῖν ἀπὸ πάσης ἐπιστήμης ἕτερόν τι γενέσθαι καὶ δεῖν χρησίμην αὐτὴν εἶναι, παντάπασιν ἀγνοοῦντός τινός ἐστιν ὅσον διέστηκεν ἐξ ἀρχῆς τὰ ἀγαθὰ καὶ τὰ ἀναγκαῖα· διαφέρει γὰρ πλεῖστον. τὰ μὲν γὰρ δι' ἕτερον ἀγαπώμενα τῶν πραγμάτων, ὧν ἄνευ ζῆν ἀδύνατον, ἀναγκαῖα καὶ συναίτια λεκτέον, ὅσα δὲ δι' αὑτά, κἂν ἀποβαίνῃ μηδὲν ἕτερον, ἀγαθὰ κυρίως· οὐ γὰρ δὴ τόδε μὲν αἱρετὸν διὰ τόδε, τόδε δὲ δι' ἄλλο, τοῦτο δ' εἰς ἄπειρον οἴχεται προϊόν, ἀλλ' ἵσταταί που. γελοῖον οὖν ἤδη παντελῶς τὸ ζητεῖν ἀπὸ παντὸς ὠφέλειαν ἑτέραν παρ' αὐτὸ τὸ πρᾶγμα, καὶ 'τί οὖν ἡμῖν ὄφελος;' καὶ τί χρήσιμον;' ἐρωτᾶν. ὡς ἀληθῶς γάρ, ὅπερ λέγομεν, οὐδὲν ἔοικεν ὁ τοιοῦτος εἰδότι καλὸν κἀγαθὸν οὐδὲ τί αἴτιον τῷ διαγιγνώσκοντι καὶ συναίτιον.

B 43. Ἴδοι δ' ἄν τις ὅτι παντὸς μᾶλλον ἀληθῆ ταῦτα λέγομεν, εἴ τις ἡμᾶς οἷον εἰς μακάρων νήσους τῇ διανοίᾳ κομίσειεν. ἐκεῖ γὰρ οὐδενὸς χρεία οὐδὲ τῶν ἄλλων τινὸς ὄφελος ἂν γένοιτο, μόνον δὲ καταλείπεται τὸ διανοεῖσθαι καὶ θεωρεῖν, ὅνπερ καὶ νῦν ἐλεύθερόν φαμεν βίον εἶναι. εἰ δὲ ταῦτ' ἐστὶν ἀληθῆ, πῶς οὐκ ἂν αἰσχύνοιτο

B 42. In libro De Comm. Math. Sc. Iambl. haec tantum dicit: καὶ οὐ δεῖ πάντως (sic Düring: πάντας Festa) χρείας ἕνεκα αὐτὴν μεταδιώκειν· καὶ γὰρ αὕτη δι' αὑτήν ἐστιν αἱρετή ‖ Schol. σημείωσαι τὰ παρόντα διὰ τοὺς ἀπαιδεύτους καὶ σκαιοὺς ὀνειδίζοντας τοῖς τὸν φιλόσοφον βίον καὶ τὸ φρονεῖν αἱρουμένοις, πράγματα οὐδὲν ὄφελος ἢ χρήσιμον ἔχοντα, ὡς ἐκείνοις δοκεῖ.

Philosophieren[34]. (B 42) Wer von jedem Wissen ein von ihm verschiedenes Ergebnis sucht und fordert, daß jedes Wissen nützlich sein soll[35], dem ist es völlig unbekannt, wie groß von Grund auf der Unterschied zwischen dem Guten und dem Notwendigen ist; er ist nämlich außerordentlich groß. Denn jene Dinge, die wir um eines anderen willen lieben und ohne die zu leben nicht möglich ist, jene nennen wir notwendig und Mitursachen; was wir aber um seiner selbst willen lieben, auch wenn sich nichts weiteres daraus ergibt, das nennen wir Güter im eigentlichen Sinne. Denn das eine ist nicht wählenswert um des anderen willen, und so fort bis ins Unbegrenzte. Irgendwo muß ein Stillstand sein. Es ist in der Tat vollkommen lächerlich, überall einen Nutzen zu suchen, der von der Sache selbst verschieden wäre, und[36] zu fragen: „Was nützt uns das?" und „Wozu können wir dieses gebrauchen?" Wer so spricht, der kommt tatsächlich, wie ich zu sagen pflege[37], keineswegs demjenigen[38] gleich, der das Edle und Gute kennt und der zwischen Ursache und Mitursache zu unterscheiden vermag.

(B 43) Am besten würde man erkennen, daß ich die Wahrheit spreche, wenn jemand uns im Geiste auf die Inseln der Seligen versetzte. Dort hätten wir keine Bedürfnisse, und keines der übrigen Dinge würde uns irgendeinen Nutzen gewähren; als einziges bliebe das Denken und das Philosophieren übrig, also eben das, was wir auch jetzt[39] das freie Leben

[34] Der Satz „Mag – Philosophieren" ist von Iamblichos formuliert. Anders Dirlmeier EE 151.

[35] Vgl. Isokrates Antid. 262–269.

[36] Sc. wie Isokrates.

[37] Eine für Aristoteles typische Redeweise. Daß unser Text solche kleinen Stilzüge bewahrt, ist ein Anzeichen dafür, daß der Originaltext hier unversehrt erhalten ist.

[38] Der in der Akademie studiert hat. Die Spitze richtet sich immer gegen Isokrates. Die Unterscheidung καλά (oder ἀγαθά) – ἀναγκαῖα ist bei Platon grundsätzlich. Vgl. Dirlmeier EE 156–157.

[39] Nämlich wir in der Akademie. ἐλεύθερος βίος ist unübersetzbar; im Gegensatz zum βάναυσος βίος erfordert er σχολή, ‚seine Zeit zu besitzen', vgl. Düring Aristoteles 481.

δικαίως ὅστις ἡμῶν ἐξουσίας γενομένης ἐν μακάρων οἰκῆσαι νήσοις ἀδύνατος εἴη δι' ἑαυτόν; οὐκοῦν οὐ μεμπτὸς ὁ μισθός ἐστι τῆς ἐπιστήμης τοῖς ἀνθρώποις, οὐδὲ μικρὸν τὸ γιγνόμενον ἀπ' αὐτῆς ἀγαθόν. ὥσπερ γὰρ τῆς δικαιοσύνης, ὥς φασιν οἱ σοφοὶ τῶν ποιητῶν, ἐν Ἅιδου κομιζόμεθα τὰς δωρεάς, οὕτως τῆς φρονήσεως ἐν μακάρων νήσοις, ὡς ἔοικεν. B 44. Οὐδὲν οὖν δεινόν, ἂν μὴ φαίνηται χρησίμη οὖσα μηδ' ὠφέλιμος· οὐ γὰρ ὠφέλιμον ἀλλ' ἀγαθὴν αὐτὴν εἶναί φαμεν, οὐδὲ δι' ἕτερον ἀλλὰ δι' ἑαυτὴν αἱρεῖσθαι αὐτὴν προσήκει. ὥσπερ γὰρ εἰς Ὀλυμπίαν αὐτῆς ἕνεκα τῆς θέας ἀποδημοῦμεν, καὶ εἰ μηδὲν μέλλοι πλεῖον ἀπ' αὐτῆς ἔσεσθαι (αὐτὴ γὰρ ἡ θεωρία κρείττων πολλῶν ἐστι χρημάτων), καὶ τὰ Διονύσια δὲ θεωροῦμεν οὐχ ὡς ληψόμενοί τι παρὰ τῶν ὑποκριτῶν ἀλλὰ καὶ προσθέντες, πολλάς τ' ἄλλας θέας ἑλοίμεθ' <ἂν> ἀντὶ πολλῶν χρημάτων· οὕτω καὶ τὴν θεωρίαν τοῦ παντὸς προτιμητέον πάντων τῶν δοκούντων εἶναι χρησίμων. οὐ γὰρ δήπου ἐπὶ μὲν ἀνθρώπους <τοὺς μὲν> μιμουμένους γύναια καὶ δούλους, τοὺς δὲ μαχομένους καὶ θέοντας, δεῖ πορεύεσθαι μετὰ πολλῆς σπουδῆς ἕνεκα τοῦ θεάσασθαι αὐτούς, τὴν δὲ τῶν ὄντων φύσιν καὶ τὴν ἀλήθειαν οὐκ οἴεσθαι δεῖν θεωρεῖν ἀμισθί. B 45. [Οὕτω μὲν οὖν ἀπὸ τοῦ βουλήματος τῆς φύσεως ἐπιόντες προετρέψαμεν ἐπὶ τὸ φρονεῖν ὡς ἐπ' ἀγαθόν θ' ὑπάρχον καὶ δι'

B 44. προσθέντες: προσδόντες Diels ‖ <ἂν> Arcerius, Kiessling ‖ <τοὺς μὲν> Rose ‖

B 45. Iamblichi verba sunt.

nennen. Wenn dies wahr ist, wie sollte sich da einer von uns nicht mit Recht schämen, der, wenn er die Möglichkeit hätte, sich auf den Inseln der Seligen ansässig zu machen, durch eigenes Verschulden dazu unfähig wäre. Keineswegs zu verachten ist daher der Lohn, den das Wissen dem Menschen schenkt, und das Gute, das sich aus ihm ergibt, ist nicht gering. Genau wie wir nämlich, wie die Weisen unter den Dichtern sagen, die Früchte der Gerechtigkeit im Hades ernten, so auch, dürfen wir annehmen, die Früchte der Philosophie auf den Inseln der Seligen. (B 44) Es darf uns daher nicht bekümmern, wenn sich das Philosophieren nicht als nützlich oder vorteilhaft[40] erweist, denn wir behaupten in erster Linie nicht, es sei vorteilhaft, vielmehr es sei gut, und daß man es nicht um eines anderen, sondern um seiner selbst willen wählen soll. So wie wir nämlich nach Olympia reisen, um des Schauspieles selbst willen, auch wenn wir davon keinen anderen Gewinn haben (denn das Zuschauen ist an sich mehr wert als viel Geld), und wie wir die dramatischen Aufführungen an den Dionysien nicht deshalb betrachten, um etwas von den Schauspielern einzunehmen – wir geben sogar Geld dafür aus –, und wie wir viele andere Schauspiele höher schätzen als eine Menge Geld, so wird man auch die Betrachtung des Weltalls höher achten als alle jene Dinge, die nach der allgemeinen Ansicht als nützlich gelten[41]. Es kann gewiß nicht richtig sein, daß man viel Mühe auf Reisen zu Leuten verwendet, die ‹auf der Bühne› als Frauen und Sklaven auftreten oder ‹in Olympia› kämpfen und laufen, andererseits aber meint, daß man die Natur der Dinge und die Wahrheit nicht ohne Entgelt betrachten solle. (B 45) So sind wir jetzt von der Zweckbestimmtheit der Natur als dem Ausgangspunkt für die Ermahnung zum Philisophieren fortgeschritten, davon überzeugt, daß

[40] Dieser Doppelausdruck ist charakteristisch für die EE, s. Dirlmeier 381.

[41] Isokrates behauptet Antid. 261–263, daß das Studium der Astronomie, Geometrie und anderer Wissenschaften von geringem Nutzen sei und ἔξω παντάπασιν εἶναι τῶν ἀναγκαίων.

αὐτὸ τίμιον, κἂν μηδὲν ἀπ' αὐτοῦ χρήσιμον γίγνεται ὡς πρὸς τὸν ἀνθρώπινον βίον.]

B 46. 'Αλλὰ μὴν ὅτι γε καὶ ὠφελείας τὰς μεγίστας ἡμῖν πρὸς τὸν ἀνθρώπινον βίον παρέχεται ἡ θεωρητικὴ φρόνησις, εὑρήσει τις ῥᾳδίως ἀπὸ τῶν τεχνῶν. ὥσπερ γὰρ τῶν ἰατρῶν ὅσοι κομψοὶ καὶ τῶν περὶ τὴν γυμναστικὴν οἱ πλεῖστοι σχεδὸν ὁμολογοῦσιν ὅτι δεῖ τοὺς μέλλοντας ἀγαθοὺς ἰατροὺς ἔσεσθαι καὶ γυμναστὰς περὶ φύσεως ἐμπείρους εἶναι, οὕτω καὶ τοὺς ἀγαθοὺς νομοθέτας ἐμπείρους εἶναι δεῖ τῆς φύσεως, καὶ πολύ γε μᾶλλον ἐκείνων. οἱ μὲν γὰρ τῆς τοῦ σώματος ἀρετῆς εἰσι δημιουργοὶ μόνον, οἱ δὲ περὶ τὰς τῆς ψυχῆς ἀρετὰς ὄντες καὶ περὶ πόλεως εὐδαιμονίας καὶ κακοδαιμονίας διδάξειν προσποιούμενοι πολὺ δὴ μᾶλλον προσδέονται φιλοσοφίας. B 47. Καθάπερ γὰρ ἐν ταῖς ἄλλαις τέχναις ταῖς δημιουργικαῖς ἀπὸ τῆς φύσεως εὕρηται τὰ βέλτιστα τῶν ὀργάνων, οἷον ἐν τεκτονικῇ στάθμη καὶ κανὼν καὶ τόρνος – τὰ μὲν ὕδατι τὰ δὲ φωτὶ καὶ ταῖς αὐγαῖς τῶν ἀκτίνων † ληφθέντων † – πρὸς ἃ κρίνοντες τὸ κατὰ τὴν αἴσθησιν ἱκανῶς εὐθὺ καὶ λεῖον βασανίζομεν, ὁμοίως δὲ καὶ τὸν πολιτικὸν ἔχειν τινὰς ὅρους δεῖ ἀπὸ τῆς φύσεως αὐτῆς καὶ τῆς ἀληθείας, πρὸς οὓς κρινεῖ τί δίκαιον καὶ τί καλὸν καὶ τί συμφέρον. ὥσπερ γὰρ ἐκεῖ τῶν ὀργάνων ταῦτα διαφέρει πάντων, οὕτω καὶ † νόμος † κάλλιστος ὁ μάλιστα κατὰ φύσιν κείμενος. B 48. Τοῦτο δ' οὐχ οἷόν τε μὴ φιλοσοφήσαντα [δύνασθαι] ποιεῖν μηδὲ γνωρίσαντα

B 46. διδάξειν in marg.: ἐπάξειν in textu F ‖ Summarium cap. X annot. in marg. "Οτι καὶ μεγάλας ὠφελείας παρέχεται πρὸς τὸν βίον ἡ θεωρητικὴ φρόνησις, ὑπομνήσεις πλείονες καὶ ἀπὸ πλειόνων ἀφορμῶν τρόποι τε τῆς χρείας ὑποδείκνυνται διάφοροι καὶ πρὸς πολλὰ τέλη τῶν συμφερόντων ἡμῖν συμβαλλόμενοι. ‖

B 47. ὕδατι τὰ δὲ φωτὶ Düring: ὕδατι καὶ φωτὶ F ‖ ληφθέντα fortasse recte coniecit Kiessling ‖ † νόμος † κάλλιστος F Schneeweiss: legendum ὅρος κάλλιστος Düring, Chroust ‖

das Philosophieren ein Gut und für sich selbst genommen verehrenswert ist, auch wenn daraus nichts für das praktische Leben Nützliches herauskäme[42].

(B 46) Daß uns aber die philosophische Denktätigkeit wirklich auch für das tägliche Leben den größten Nutzen gewährt, wird man leicht einsehen, wenn man es an Berufen und Tätigkeiten exemplifiziert. Alle klugen Ärzte und die meisten Lehrer der Gymnastik erklären einmütig, daß derjenige, der ein guter Arzt und Gymnastiker werden will, über die Natur Bescheid wissen muß. So müssen auch die guten Gesetzgeber über die Natur Bescheid wissen, und zwar in viel höherem Maße als jene. Denn jene zeigen ihre Berufsgeschicklichkeit dadurch, daß sie die Trefflichkeit des Leibes fördern, diese dagegen befassen sich mit der Trefflichkeit der Seele und beanspruchen, die Wege zum Glück oder Unglück für das ganze Gemeinwesen zu lehren. Sie bedürfen darum noch mehr der Philosophie. (B 47) In den anderen handwerklichen Berufen werden die besten Werkzeuge durch Beobachtung der Natur entdeckt; so z. B. im Zimmerhandwerk Senkblei, Lineal und das Werkzeug, mit dem man einen Kreis vorzeichnet[43]; für einige Werkzeuge gibt uns die Beobachtung des Wassers ein Vorbild, für andere die Beobachtung der Sonnenstrahlen, die wir auffangen. Mit Hilfe dieser Werkzeuge stellen wir fest, was in einem für die Sinneswahrnehmung hinreichenden Maße gerade und eben ist. In derselben Weise muß auch der Staatsmann gewisse Richtmarken haben, die er von der Natur selbst und von der Wahrheit nimmt, mit deren Hilfe er beurteilen wird, was gerecht, was schön und was förderlich sei. Denn wie in den Handwerken die erwähnte Art von Werkzeugen sich vor allen anderen auszeichnet, so ist auch diejenige Richtmarke die beste, die im höchsten Grade der Natur gemäß ist. (B 48) Niemand indessen, der sich nicht der Philosophie ge-

[42] B 45 ist von Iamblichos zusammengestellt worden; derartige Rekapitulationen sind aber beim Übergang zu einem neuen Gedankengang auch bei Aristoteles die Regel.

[43] Ein Stift samt einer daran befestigten Schnur.

τὴν ἀλήθειαν· καὶ τῶν μὲν ἄλλων τεχνῶν τά τ' ὄργανα καὶ τοὺς λογισμοὺς τοὺς ἀκριβεστάτους οὐκ ἀπ' αὐτῶν τῶν πρώτων λαβόντες σχεδὸν ἴσασιν, ἀλλ' ἀπὸ τῶν δευτέρων καὶ τρίτων καὶ πολλοστῶν, τοὺς δὲ λόγους ἐξ ἐμπειρίας λαμβάνουσι· τῷ δὲ φιλοσόφῳ μόνῳ τῶν ἄλλων ἀπ' αὐτῶν τῶν ἀκριβῶν ἡ μίμησίς ἐστιν· αὐτῶν γάρ ἐστι θεατής, ἀλλ' οὐ μιμημάτων. B 49. Ὥσπερ οὖν οὐδ' οἰκοδόμος ἀγαθός ἐστιν οὗτος ὅστις κανόνι μὲν μὴ χρῆται μηδὲ τῶν ἄλλων μηδενὶ τῶν τοιούτων ὀργάνων, ἑτέροις δ' οἰκοδομήμασι παραβάλλων, ὁμοίως ἴσως κἂν εἴ τις ἢ νόμους τίθεται πόλεσιν ἢ πράττει πράξεις ἀποβλέπων καὶ μιμούμενος πρὸς ἑτέρας πράξεις ἢ πολιτείας ἀνθρωπίνας Λακεδαιμονίων ἢ Κρητῶν ἤ τινων ἄλλων τοιούτων, οὐκ ἀγαθὸς νομοθέτης οὐδὲ σπουδαῖος· οὐ γὰρ ἐνδέχεται μὴ καλοῦ μίμημα καλὸν εἶναι, μηδὲ θείου καὶ βεβαίου τὴν φύσιν ἀθάνατον καὶ βέβαιον, ἀλλὰ δῆλον ὅτι μόνου τῶν δημιουργῶν τοῦ φιλοσόφου καὶ νόμοι βέβαιοι καὶ πράξεις εἰσὶν ὀρθαὶ καὶ καλαί. B 50. Μόνος γὰρ πρὸς τὴν φύσιν βλέπων ζῇ καὶ πρὸς τὸ θεῖον, καὶ καθαπερανεὶ κυβερνήτης τις ἀγαθὸς ἐξ ἀιδίων καὶ μονίμων ἀναψάμενος τοῦ βίου τὰς ἀρχὰς ὁρμεῖ καὶ ζῇ καθ' ἑαυτόν. B 51. Ἔστι

B 48. [δύνασθαι] Düring ||

B 49. τίθεται, πράττει Scaliger, Pistelli, Walzer, Ross: τίθεται, πράττῃ F || καὶ μιμούμενος delevit Vitelli || οὐδὲ ⟨πολιτικὸς⟩ σπουδαῖος Plezia || δῆλον Vitelli: μόνον F ||

B 50. ὁρμεῖ Vitelli, Jaeger, Einarson, Chroust: ὁρμᾷ F Bignone, Walzer, Ross, Schneeweiss || Schol. ad B 49–51 in marg.: Σὺ τοιοῦτος καὶ οἱ κατὰ σέ, ἐνθουσιαστικώτατε Ἰάμβλιχε. ἐγὼ δὲ καὶ ὅσοι ἐμοὶ τὸν βίον ὅμοιοι οὐ τῶν ἀιδίων καὶ μονίμων ἀνήψαμεν τοῦ βίου τὰς ἀρχάς, τῶν δὲ φθαρτῶν καὶ εὐμεταπτώτων. διὸ καὶ ζῶμεν οὐχ ὡς φιλόσοφοι, μᾶλλον δὲ οὐχ ὡς ἄνθρωποι, ἀλλὰ βίον κτηνώδη καὶ χοίρειον ||

widmet und die Wahrheit kennengelernt hat, kann dies erreichen. In anderen Berufen[44] bekommt man nämlich zu den Werkzeugen und den genauesten Berechnungen nichts von den ersten Prinzipien her, sondern von dem im zweiten, dritten und vielfachen Grade Abgeleiteten, und daher ist ihr Wissen nur approximativ, und sie basieren ihre Erwägungen auf die Erfahrung. Der Philosoph allein ahmt die exakten Dinge selbst nach, denn er ist Betrachter der Dinge selbst und nicht ihrer Nachahmungen[45]. (B 49) Wie nun aber einer kein guter Baumeister ist, der nicht das Lineal und dergleichen Werkzeuge verwendet, sondern einfach andere Häuser nachmacht, so wird wahrscheinlich auch derjenige kein guter Gesetzgeber und hervorragender Mann werden, der Gesetze für das Gemeinwesen gibt oder im Staate politisch wirksam ist bloß im Hinblick auf und in der Nachahmung anderer Handlungen oder anderer menschlicher Gemeinwesen, etwa der Spartaner, Kreter oder anderer. Denn die Nachahmung von etwas, was nicht schön ist[46], kann nicht schön sein, und die Nachahmung dessen, was seiner Natur nach nicht göttlich oder beständig ist, kann nicht unsterblich oder beständig werden[47]. Von allen Werktätigen ist nur der Philosoph so beschaffen, daß seine Gesetze beständig sind und seine Handlungen[48] recht und edel. (B 50) Denn er allein lebt mit dauerndem Blick auf die Natur und auf das Göttliche. Wie ein guter Schiffskapitän vertäut er sein Leben an dem, was ewig und beharrend ist, läßt dort den Anker fallen und lebt als sein

[44] Hier hat Aristoteles die im Staat 533 bc geführte Argumentation für seinen Zweck angewandt.

[45] Tautologien wie diese gehören zur rhetorischen Technik, vgl. Wieland a. a. O. 223.

[46] Stillschweigend wird also vorausgesetzt, daß die erwähnten Staatsverfassungen nicht schön sind; es ist aber nicht ratsam, sachliche Schlußfolgerungen daraus zu ziehen, denn es handelt sich hier um Rhetorik, nicht um sachliche Analyse.

[47] Auch hier wäre es müßig zu fragen, was er eigentlich meint. Der Philosoph sollte ja in Wirklichkeit über den Buchstaben des Gesetzes erhaben sein.

[48] D. h. seine persönlichen Handlungen, vgl. Dirlmeier EE 167.

μὲν οὖν θεωρητικὴ ἥδε ἡ ἐπιστήμη, παρέχει δ' ἡμῖν τὸ δημιουργεῖν κατ' αὐτὴν ἅπαντα. ὥσπερ γὰρ ἡ ὄψις ποιητικὴ μὲν καὶ δημιουργὸς οὐδενός ἐστι (μόνον γὰρ αὐτῆς ἔργον ἐστὶ τὸ κρίνειν καὶ δηλοῦν ἕκαστον τῶν ὁρατῶν), ἡμῖν δὲ παρέχει τὸ πράττειν τι δι' αὐτὴν καὶ βοηθεῖ πρὸς τὰς πράξεις ἡμῖν τὰ μέγιστα (σχεδὸν γὰρ ἀκίνητοι παντελῶς ἂν ἦμεν στερηθέντες αὐτῆς), οὕτω δῆλον ὅτι καὶ τῆς ἐπιστήμης θεωρητικῆς οὔσης μυρία πράττομεν κατ' αὐτὴν ὅμως ἡμεῖς, καὶ τὰ μὲν λαμβάνομεν τὰ δὲ φεύγομεν τῶν πραγμάτων, καὶ ὅλως πάντα τὰ ἀγαθὰ δι' αὐτὴν κτώμεθα.

B 52. Δεῖ δὴ μὴ λεληθέναι τὸν μέλλοντα περὶ τούτων ἐξετάζειν, ὅτι πάντα τὰ ἀγαθὰ καὶ τὰ πρὸς τὸν βίον ὠφέλιμα τοῖς ἀνθρώποις ἐν τῷ χρῆσθαι καὶ πράττειν ἐστίν, ἀλλ' οὐκ ἐν τῷ γιγνώσκειν μόνον· οὔτε γὰρ ὑγιαίνομεν τῷ γνωρίζειν τὰ ποιητικὰ τῆς ὑγιείας, ἀλλὰ τῷ προσφέρεσθαι τοῖς σώμασιν· οὔτε πλουτοῦμεν τῷ γιγνώσκειν <τὸν> πλοῦτον, ἀλλὰ τῷ κεκτῆσθαι πολλὴν οὐσίαν· οὐδέ, τὸ πάντων μέγιστον, εὖ ζῶμεν τῷ γιγνώσκειν ἄττα τῶν ὄντων, ἀλλὰ τῷ πράττειν εὖ· τὸ γὰρ εὐδαιμονεῖν ἀληθῶς τοῦτ' ἐστίν. ὥστε προσήκει καὶ τὴν φιλοσοφίαν, εἴπερ ἐστὶν ὠφέλιμος, ἤτοι πρᾶξιν εἶναι τῶν ἀγαθῶν ἢ χρήσιμον εἰς τὰς τοιαύτας πράξεις. B 53. Οὐ δὴ δεῖ φεύγειν φιλοσοφίαν, εἴπερ ἐστὶν ἡ μὲν φιλοσοφία, καθάπερ οἰόμεθα, κτῆσίς τε καὶ χρῆσις σοφίας, ἡ δὲ σοφία τῶν μεγίστων ἀγαθῶν· οὐδὲ δεῖ χρημάτων μὲν ἕνεκα πλεῖν ἐφ' Ἡρακλέους στήλας καὶ πολλάκις κινδυνεύειν, διὰ δὲ φρόνησιν μηδὲν πονεῖν μηδὲ δαπανᾶν. ἦ

B 51. ἦμεν F: εἶμεν apogr. Franeq. teste Arcerio, Pistelli, Walzer, Ross ‖ λαμβάνομεν: διώκομεν mavult Düring ‖

B 52. <τὸν> Proclus In prim. Eucl. El. Comm. 26,1 Friedl. ‖

B 53. ἀξιοῦν ταῖς αὐτοῦ Pist. sec. Laur. 86,29: ἀξιοῦντες αὐτοῦ F ‖

eigener Herr. (B 51) Dieses Wissen ist nun an sich theoretisch, aber es bietet uns die Möglichkeit, alle unsere Handlungen danach einzurichten. Wie nämlich die Sehkraft nichts schafft oder hervorbringt, denn ihre Aufgabe ist allein, jedes einzelne der sichtbaren Dinge zu unterscheiden und deutlich zu machen, uns aber ermöglicht, mit ihrer Hilfe etwas zu tun, und uns beim Handeln die größte Hilfe leistet (denn wir wären nahezu ganz außerstande, uns zu bewegen, wenn wir sie nicht besäßen), so ist es auch klar, daß wir durch dieses Wissen, obwohl es theoretisch ist, unzählige Handlungen vollbringen; mit seiner Hilfe entscheiden wir, ob wir das eine ergreifen, das andere meiden sollen; überhaupt erwerben wir durch dieses Wissen alles, was gut ist.

(B 52) Wer sich die Aufgabe stellt, das von uns Gesagte zu prüfen, muß sich daher klar darüber sein, daß für einen Menschen alles Gute und für das Leben Nützliche im Ausüben und im Handeln liegt, nicht nur in der Erkenntnis des Guten. Wir bleiben gesund nicht dadurch, daß wir die Dinge kennen, die unsere Gesundheit fördern, sondern dadurch, daß wir sie dem Körper zuführen; wir sind reich nicht dadurch, daß wir wissen, was Reichtum ist, sondern dadurch, daß wir ein großes Vermögen erworben haben; und, das Wichtigste von allem, wir leben ein schönes und edles Leben nicht auf die Weise, daß wir einiges von dem Seienden erkennen, sondern dadurch, daß wir gut handeln[49]; denn dies ist wahrlich das glückliche Leben. Daraus folgt, daß auch die Philosophie, wenn sie, wie wir behaupten, nützlich ist, entweder ein Ausüben guter Handlungen ist, oder förderlich ist für solche Handlungen. (B 53) Also soll man die Philosophie nicht fliehen, wenn nämlich die Philosophie, wie ich glaube, Aneignung und Anwendung der Weisheit ist und die Weisheit selber zu den höchsten Gütern zählt. Wenn man um des Geldes willen bis zu den Säulen des Herakles fährt und sich vielen Gefahren aussetzt, warum sollte man um der Philosophie

[49] Vgl. EN I 8, 1098 a 21 τὸ εὖ ζῆν καὶ τὸ εὖ πράττειν τὸν εὐδαίμονα wird als ein bekannter Satz angeführt.

μὴν ἀνδραποδῶδές γε τοῦ ζῆν ἀλλὰ μὴ τοῦ ζῆν εὖ γλίχεσθαι, καὶ ταῖς τῶν πολλῶν αὐτὸν ἀκολουθεῖν δόξαις ἀλλὰ μὴ τοὺς πολλοὺς ἀξιοῦν ταῖς αὑτοῦ, καὶ τὰ μὲν χρήματα ζητεῖν τῶν δὲ καλῶν μηδεμίαν ἐπιμέλειαν ποιεῖσθαι τὸ παράπαν. B 54. Καὶ περὶ μὲν ὠφελείας καὶ μεγέθους τοῦ πράγματος ἱκανῶς ἀποδεδεῖχθαι νομίζω· διότι δὲ πολλῷ ῥᾴστη τῶν ἄλλων ἀγαθῶν ἡ κτῆσις αὐτῆς, ἐκ τῶνδε πεισθείη τις ἄν. B 55. Τὸ γὰρ μηδενὸς μισθοῦ παρὰ τῶν ἀνθρώπων γιγνομένου τοῖς φιλοσοφοῦσι, δι' ὃν συντόνως οὕτως ἂν διαπονήσειαν, πολύ γε προεμένους εἰς τὰς ἄλλας τέχνας ὅμως ἐξ ὀλίγου χρόνου θέοντας προεληλυθέναι ταῖς ἀκριβείαις, [σημεῖόν μοι δοκεῖ τῆς περὶ τὴν φιλοσοφίαν εἶναι ῥᾳστώνης.] B 56. Ἔτι δὲ τὸ πάντας φιλοχωρεῖν ἐπ' αὐτῇ καὶ βούλεσθαι σχολάζειν ἀφεμένους τῶν ἄλλων ἁπάντων, οὐ μικρὸν τεκμήριον ὅτι μεθ' ἡδονῆς ἡ προσεδρεία γίγνεται· πονεῖν γὰρ οὐδεὶς ἐθέλει πολὺν χρόνον. πρὸς δὲ τούτοις ἡ χρῆσις πλεῖστον διαφέρει πάντων· οὐδὲ γὰρ δέονται πρὸς τὴν ἐργασίαν ὀργάνων οὐδὲ τόπων, ἀλλ' ὅπῃ τις ἂν θῇ τῆς οἰκουμένης τὴν διάνοιαν, ὁμοίως πανταχόθεν ὥσπερ παρούσης ἅπτεται τῆς ἀληθείας.

B 54. ἐκ τῶνδε πέπεισμαι Iambl. De Comm. Math. Sc. p. 82,16 Festa ||

B 55. μηδενὸς Proclus: μήτε F || τοῖς φιλοσόφοις Iambl. De Comm. Math. Sc. p. 82,18 Festa || πολύ γε Düring: πολύ τε F || εἰς om. ib. p. 82,19 || προεληλυθέναι Düring: παρεληλυθέναι F || ὅμως . . . ῥᾳστώνης: ὅμως ἐν ὀλίγῳ χρόνῳ τοσαύτην ἐπίδοσιν τὴν τῶν μαθημάτων θεωρίαν λαβεῖν Proclus quem sequitur Schneeweiss ||

B 56. ἐπ': ἐν Proclus || οὐδὲν γὰρ δέονται ib. p. 82,27 ||

willen nicht Mühe oder Aufwand auf sich nehmen[50]? Es ist in der Tat typisch für einen gewöhnlichen Mann, nach dem Leben und nicht nach dem guten Leben zu begehren, selber den Meinungen der Menge zu folgen, anstatt gerade von der Menge zu erwarten, daß sie der eigenen Meinung Gehör habe, und nach Geld zu trachten, um das Edle sich aber überhaupt nicht zu kümmern. (B 54) Nützlichkeit und Bedeutung des Gegenstandes scheinen mir nun hinlänglich nachgewiesen zu sein. Daß es viel leichter ist, philosophische Erkenntnis zu erwerben als irgendein anderes Gut, davon dürfte man sich aus folgendem überzeugen lassen. (B 55) Jene, die sich der Philosophie widmen, erhalten keinen Lohn von den Menschen, der sie zu solchen Anstrengungen anspornen könnte. Mögen sie auch auf andere Fertigkeiten[51] viel Mühe angewandt haben, so machen sie doch in kurzer Zeit schnelle Fortschritte[52] zu exaktem Wissen; dies scheint mir darauf hinzudeuten, mit welcher Leichtigkeit man sich philosophische Erkenntnis aneignen kann. (B 56) Ein weiteres Argument ist, daß alle Menschen sich in der Philosophie heimisch fühlen und sich gerne mit ihr beschäftigen wollen, indem sie alles andere fahren lassen. Auch dies ist kein geringer Beweis dafür, daß es ein Vergnügen ist, sich mit ihr zu befassen[53]; denn wäre es bloß eine Mühsal, würde sich niemand damit lange Zeit hindurch abplagen. Außerdem hat die philosophische Tätigkeit vor allen anderen einen großen Vorzug; man bedarf nämlich keiner besonderen Werkzeuge oder Örtlichkeiten, um sie auszuüben, sondern wo immer auf der Erde sich einer mit dem Denken auch ans Werk begibt, überall wird er in gleicher Weise imstande sein, die Wahrheit zu ergreifen, als wäre sie

[50] Vgl. Staat 504 de.

[51] Vielleicht hatte Aristoteles, als er dies schrieb, den Studiengang in der Akademie vor Augen, den Platon im Staat 521 c – 532 a beschreibt: man fing mit der Geometrie an und stieg durch die vier τέχναι zum θριγκός der Dialektik auf.

[52] Man muß προεληλυθέναι statt παρεληλυθέναι der Hs. lesen.

[53] μεθ' ἡδονῆς ἡ προσεδρεία (‚sich heran setzen', JAEGER a. a . O. 98) ist aus der Seele dieses emsigen Wissenschaftlers gesprochen.

B 57. Οὐκοῦν ἀποδέδεικται καὶ ὅτι δυνατὸν καὶ διότι μέγιστον τῶν ἀγαθῶν καὶ κτῆσασθαι ῥᾴδιον ἡ φιλοσοφία, ὥστε πάντων ἕνεκα προθύμως αὐτῆς ἀντιλαμβάνεσθαι ἄξιον.

B 58. [<Τί δὲ τὸ ἔργον τῆς φρονήσεώς ἐστι, καὶ διότι διώκομεν πάντες τὴν φρόνησιν, πάλιν ἄλλην οἷον ἀρχὴν ποιησάμενοι λέγωμεν.>]

B 59. Ἔτι τοίνυν τὸ μέν ἐστι ψυχὴ τῶν ἐν ἡμῖν τὸ δὲ σῶμα, καὶ τὸ μὲν ἄρχει τὸ δ' ἄρχεται, καὶ τὸ μὲν χρῆται τὸ δ' ὑπόκειται ὡς ὄργανον. ἀεὶ τοίνυν πρὸς τὸ ἄρχον καὶ τὸ χρώμενον συντάττεται ἡ τοῦ ἀρχομένου καὶ τοῦ ὀργάνου χρεία. B 60. Τῆς δὲ ψυχῆς τὸ μὲν λόγος ἐστὶν (ὅπερ κατὰ φύσιν ἄρχει καὶ κρίνει περὶ ἡμῶν), τὸ δ' ἕπεταί τε καὶ πέφυκεν ἄρχεσθαι· πᾶν δ' εὖ διάκειται κατὰ τὴν οἰκείαν ἀρετήν· τὸ γὰρ τετυχηκέναι ταύτης ἀγαθόν ἐστι. B 61. Καὶ μὴν ὅταν γ' ἔχῃ τὰ μάλιστα καὶ κυριώτατα καὶ τιμιώτατα τὴν ἀρετήν, τότ' εὖ διάκειται· τοῦ βελτίονος ἄρα φύσει βελτίων ἐστὶν ἡ κατὰ φύσιν ἀρετή· βέλτιον δὲ τὸ κατὰ φύσιν ἀρχικώτερον καὶ μᾶλλον ἡγεμονικόν, ὡς ἄνθρωπος πρὸς τὰ ἄλλα ζῷα· οὐκοῦν ψυχὴ μὲν σώματος βέλτιον (ἀρχικώτερον γάρ), ψυχῆς δὲ τὸ λόγον ἔχον καὶ διάνοιαν· ἔστι γὰρ τοιοῦτον ὃ κελεύει καὶ κωλύει, καὶ δεῖν ἢ μὴ δεῖν φησι πράττειν. B 62. Ἥτις ποτ' οὖν ἐστιν ἀρετὴ τούτου τοῦ μέρους, ἀναγκαῖον εἶναι πάντων αἱρετωτάτην ἁπλῶς τε πᾶσι καὶ ἡμῖν· καὶ γὰρ ἂν τοῦτ', οἶμαι, θείη τις, ὡς ἤτοι μόνον ἢ μάλιστα ἡμεῖς ἐσμεν

B 57. φιλοσοφία: φρόνησις fortasse dixit Aristoteles secundum Iambl. De Comm. Math. Sc. p. 83,5 Festa ‖

B 58. <Τί δὲ – λέγωμεν.> vel similiter, Düring ‖

B 61. τὴν <sc. οἰκείαν> ἀρετήν ‖

gegenwärtig. (B 57) So ist also nachgewiesen, daß es möglich ist, sich der Philosophie zu widmen, daß sie das größte aller Güter ist und daß sie leicht zu erwerben ist. Aus allen diesen Gründen lohnt es sich, sie mit Eifer zu betreiben.

(B 58) ‹Wir kommen jetzt zu den Fragen, was die eigentliche Aufgabe der philosophischen Erkenntnis ist und warum wir alle danach streben. Dies will ich jetzt von einem neuen Ausgangspunkt aus erklären›. (B 59) Wir Menschen bestehen aus Seele und Körper; der eine Teil herrscht, der andere wird beherrscht; der eine benutzt, und der andre ist als Werkzeug da. Die Anwendung dessen, was beherrscht wird, d. h. des Werkzeuges, steht immer in einem bestimmten Verhältnis zu dem, was herrscht und benützt[54]. (B 60) In der Seele ist einerseits die Vernunft, die ihrer Natur gemäß herrscht und über uns entscheidet, andererseits das, was Folge leistet und seiner Natur nach beherrscht wird; alles ist in gutem Zustand, wenn jeder Seelenteil die ihm eigentümliche Trefflichkeit entwickelt; dies erreicht zu haben ist das Gute. (B 61) Vor allem gilt, daß vollkommene Ordnung herrscht, wenn der beste, im höchsten Grade herrschende und verehrungswürdigste Teil der Seele[55] seine Trefflichkeit entwickelt. Je vorzüglicher etwas seiner Natur nach ist, desto vorzüglicher ist seine naturgemäße Trefflichkeit. Nun ist das wertvoller, was seiner Natur nach in höherem Grad beherrschend und führend ist, wie z. B. der Mensch im Verhältnis zu den Tieren. So ist auch die Seele wertvoller als der Leib, (denn sie ist in höherem Grade herrschend). Und innerhalb der Seele steht das höher, was Vernunft und Denkvermögen hat. Von solcher Art ist nämlich das, was gebietet und verbietet und sagt, was man tun und was man nicht tun soll. (B 62) Welches nun immer die Trefflichkeit dieses Seelenteiles sein mag, sie muß das Wählenswerteste sein für alle schlechthin und für uns. Denn man darf wohl doch, so denke ich, behaupten: dieser Teil ist, entweder

[54] So auch bei Isokr. Antid. 180.
[55] Gemeint ist νοῦς.

τὸ μόριον τοῦτο. B 63. Ἔτι τοίνυν ὅταν ὃ πέφυκεν ἔργον ἑκάστου μὴ κατὰ συμβεβηκὸς ἀλλὰ καθ' αὑτὸ λεγόμενον κάλλιστ' ἀποτελῇ, τότε καὶ τοῦτ' ἀγαθὸν εἶναι λεκτέον, ταύτην τ' ἀρετὴν θετέον κυριωτάτην, καθ' ἣν ἕκαστον αὐτὸ τοῦτο πέφυκεν ἀπεργάζεσθαι. B 64. Τοῦ μὲν οὖν συνθέτου καὶ μεριστοῦ πλείους καὶ διάφοροί εἰσιν ἐνέργειαι, τοῦ δὲ τὴν φύσιν ἁπλοῦ καὶ μὴ πρός τι τὴν οὐσίαν ἔχοντος μίαν ἀναγκαῖον εἶναι τὴν καθ' αὑτὸ κυρίως ἀρετήν. B 65. Εἰ μὲν οὖν ἁπλοῦν τι ζῷόν ἐστιν ὁ ἄνθρωπος καὶ κατὰ λόγον καὶ νοῦν τέτακται αὐτοῦ ἡ οὐσία, οὐκ ἄλλο ἐστὶν αὐτοῦ ἔργον ἢ μόνη ἡ ἀκριβεστάτη ἀλήθεια καὶ τὸ περὶ τῶν ὄντων ἀληθεύειν· εἰ δ' ἐστὶν ἐκ πλειόνων δυνάμεων συμπεφυκός, δῆλόν ἐστιν ὡς ἀφ' οὗ πλείω πέφυκεν ἀποτελεῖσθαι, ἀεὶ τούτων τὸ βέλτιστον <τὸ> ἔργον ἐστίν, οἷον ἰατρικοῦ ὑγίεια καὶ κυβερνήτου σωτηρία. βέλτιον δ' οὐδὲν ἔχομεν λέγειν ἔργον τῆς διανοίας ἢ τοῦ διανοουμένου τῆς ψυχῆς ἡμῶν ἀληθείας. ἀλήθεια ἄρα τὸ κυριώτατον ἔργον ἐστὶ τοῦ μορίου τούτου τῆς ψυχῆς. B 66. Τοῦτο δὲ δρᾷ κατ' ἐπιστήμην ἁπλῶς, μᾶλλον δὲ κατὰ τὴν μᾶλλον ἐπιστήμην, ταύτῃ δ' ἐστὶ θεωρία τὸ κυριώτατον τέλος. ὅταν γὰρ δυοῖν ὄντοιν θάτερον διὰ θάτερον αἱρετὸν ᾖ, βέλτιόν ἐστι τοῦτο καὶ μᾶλλον αἱρετὸν δι' ὅπερ αἱρετόν ἐστι καὶ θάτερον, οἷον ἡδονὴ μὲν τῶν ἡδέων, ὑγίεια δὲ τῶν ὑγιεινῶν·

B 63. καθ' αὑτὸ Kiessling: κατ' αὐτό F ‖

B 65. ὑφ' οὗ – ἀποτελεῖσθαι fortasse legendum ‖ <τὸ> Düring, om. Schneeweiss ‖ τούτου τῆς ψυχῆς Kiessling: τοῦ τ. ψ. F ‖

allein oder in erster Linie, unser eigentliches Selbst. (B 63) Ferner: nur wenn ein Ding seine naturgemäße Aufgabe in der schönsten Weise erfüllt (und zwar nicht beiläufig, sondern an sich)[56], ist es richtig zu sagen, dieses Werk sei gut: diejenige Trefflichkeit, die ein jedes befähigt, eben dieses zustande zu bringen, nennen wir seine höchste und eigentliche Trefflichkeit. (B 64) Was zusammengesetzt und teilbar ist, hat mehrere verschiedene Tätigkeiten; was aber naturgemäß einfach ist und nicht ‹lediglich› im Verhältnis zu etwas anderem existiert, muß notwendigerweise eine einzige ihm wesenseigene Trefflichkeit besitzen. (B 65) Wenn nun der Mensch ‹als ein Ganzes› ein einfaches Lebewesen ist und seine Eigenschaft als Mensch durch den Besitz von Vernunft und Geist bestimmt wird, dann gibt es für ihn keine andere Aufgabe als ausschließlich die, die genaueste Wahrheit zu erreichen[57], d. h. wahres Wissen von den seienden Dingen. Eignen ihm dagegen mehrere Fähigkeiten, dann ist das wertvollste Werk dieser Fähigkeiten dasjenige, durch das er am meisten zu vollbringen vermag; so ist z. B. das Werk des Arztes die Gesundheit und das Werk des Schiffskapitäns die sichere Fahrt. Ein wertvolleres Werk des Denkens oder des denkenden Teiles unserer Seele kann ich nicht nennen als die Erforschung der Wahrheit. Die Wahrheit ist mithin recht eigentlich das Werk dieses Seelenteiles. (B 66) Dieses Werk vollbringt der denkende Teil dadurch, daß er Wissen schlechthin erwirbt, und zwar um so besser, je wertvoller das Wissen ist; das höchste Ziel des Wissens ist die philosophische Erkenntnis[58]. Wenn nämlich von zwei Dingen das eine um des anderen willen wählenswert ist, dann ist dasjenige wertvoller und wählenswerter, um dessentwillen auch das andere wählenswert war, wie z. B. die Lust im Verhältnis zum Lusterzeugenden und die Gesundheit im Verhältnis zum Gesundmachen; denn wir sagen, daß jenes

[56] Nur was ὁ φρόνιμος tut ᾗ φρόνιμος ist gut.

[57] Hier wiederum eine fast maßlose rhetorische Übersteigerung.

[58] Θεωρία τὸ κυριώτατον τέλος. Nach Platon ist ἡ διαλεκτικὴ ὥσπερ θριγκὸς τοῖς μαθήμασιν, Staat 534 e.

ταῦτα γὰρ ποιητικὰ λέγεται τούτων. B 67. Οὐκοῦν τῆς φρονήσεως, ἥν φαμεν δύναμιν εἶναι τοῦ κυριωτάτου τῶν ἐν ἡμῖν, οὐκ ἔστιν αἱρετώτερον οὐδέν, ὡς ἕξις πρὸς ἕξιν κρίνεσθαι· τὸ γὰρ γνωστικὸν μέρος καὶ χωρὶς καὶ συγκείμενον βέλτιόν ἐστι πάσης τῆς ψυχῆς, τούτου δ' ἐπιστήμη ἀρετή. B 68. Οὐκ ἄρ' ἐστὶν ἔργον αὐτῆς οὐδεμία τῶν κατὰ μέρος λεγομένων ἀρετῶν· πασῶν γάρ ἐστι βελτίων, τὸ δὲ ποιούμενον τέλος ἀεὶ κρεῖττόν ἐστι τῆς ποιούσης ἐπιστήμης· οὐδὲ μὴν ἅπασα τῆς ψυχῆς ἀρετὴ οὕτως ἔργον οὐδ' ἡ εὐδαιμονία. εἰ γὰρ ἔσται ποιητική, ἑτέρα ἑτέρων ἔσται, ὥσπερ οἰκοδομικὴ οἰκίας, ἥτις οὐκ ἔστι μέρος τῆς οἰκίας. ἡ μέντοι φρόνησις μόριον τῆς ἀρετῆς ἐστι καὶ τῆς εὐδαιμονίας· ἢ γὰρ ἐκ ταύτης ἢ ταύτην φαμὲν εἶναι τὴν εὐδαιμονίαν. B 69. Οὐκοῦν καὶ κατὰ τὸν λόγον τοῦτον ἀδύνατον εἶναι [τὴν] ἐπιστήμην ποιητικήν· βέλτιον γὰρ δεῖ τὸ τέλος εἶναι τοῦ γιγνομένου· οὐδὲν δὲ βέλτιον εἶναι φρονήσεως, πλὴν εἴ τι τῶν εἰρημένων, τούτων δ' οὐδὲν ἕτερον αὐτῆς ἐστιν ἔργον.

B 67. ἕξιν πρὸς ἕξιν mavult Düring cum Pistelli et Schneeweiss ‖ κρίνεται Scaliger ‖

B 69. [τὴν] Düring ‖ βέλτιον εἶναι: βέλτιόν ἐστι Pistelli, Schneeweiss ‖

durch dieses hervorgebracht wird. (B 67) Etwas Wählenswerteres als die philosophische Einsicht, die wir die Fähigkeit der höchsten unserer Seelenfunktionen nennen, gibt es überhaupt nicht, wenn wir die verschiedenen Funktionen der Seele miteinander vergleichen. Denn der erkennende Teil der Seele ist für sich allein oder in Vereinigung mit anderen Teilen wertvoller als die gesamte übrige Seele, und seine Trefflichkeit ist das Wissen. (B 68) Daher ist keine der einzelnen Tugenden, von denen man allgemein spricht[59], das Werk der philosophischen Einsicht. Denn sie steht höher als diese alle[60]. Das erreichte Ziel steht immer höher als das Wissen, durch das man es erreicht. Allerdings ist nicht jede Trefflichkeit der Seele ein Ergebnis der philosophischen Einsicht und auch nicht das glückliche Leben[61]. Wäre die philosophische Einsicht nämlich tätig, so würde sie etwas anderes hervorbringen als sie selber ist, so wie die Baukunst ein Haus erstellt, selber aber kein Teil des Hauses ist[62]; philosophische Einsicht ist dagegen ein Teil[63] der Trefflichkeit ‹der Seele› und des glücklichen Lebens[64]. Denn ich behaupte, daß das glückliche Leben entweder aus ihr entspringt oder daß sie selber das glückliche Leben ist. (B 69) Auf Grund dieser Argumentation kann die philosophische Einsicht also unmöglich ein produktives Wissen sein; das Ziel muß nämlich höher stehen als der Weg zu ihm; es gibt aber nichts Höheres als das philosophische Leben, es wäre denn eines der eben erwähnten Dinge ‹Treff-

[59] Er meint die vier Tugenden ἀνδρεία, σωφροσύνη, δικαιοσύνη, σοφία. In ähnlicher Weise spricht Platon, Staat 491 c, von τὰ λεγόμενα ἀγαθά.

[60] Nämlich weil die φρόνησις sowohl in der intellektuellen als in der moralischen Sphäre die herrschende Kraft ist.

[61] D. h. nicht allein durch φρόνησις wird man glücklich. Er treibt hier die These, daß die φρόνησις nichts produziert, weil sie an sich ein τέλος ist, fast ad absurdum.

[62] Nach seiner Lehre setzt jede Bewegung oder Veränderung ein κινοῦν und ein κινούμενον voraus. Die Baukunst ist im Verhältnis zum Endprodukt das κινοῦν, vgl. Lambda 4, 1070 b 30–35 und öfters.

[63] Vgl. GAUTHIER, L'Éthique à Nic. II: 2, 546.

[64] Der rhetorische Charakter der Argumentation im Protreptikos fällt hier durch den Mangel an Logik besonders auf.

θεωρητικήν τιν' ἄρα φατέον εἶναι ταύτην τὴν ἐπιστήμην, ἐπείπερ ἀδύνατον ποίησιν εἶναι τὸ τέλος. B 70. Τὸ φρονεῖν ἄρα καὶ τὸ θεωρεῖν ἔργον τῆς ψυχῆς ἐστι καὶ τοῦτο πάντων ἐστὶν αἱρετώτατον τοῖς ἀνθρώποις, ὥσπερ οἶμαι καὶ τὸ τοῖς ὄμμασιν ὁρᾶν, ὃ καὶ ἕλοιτό τις ἂν ἔχειν, εἰ καὶ μή τι μέλλοι γίγνεσθαι δι' αὐτὸ παρ' αὐτὴν τὴν ὄψιν ἕτερον. B 71. Ἔτι εἴ τις ἀγαπᾷ τόδε τι διὰ τὸ συμβεβηκέναι ἕτερον αὐτῷ τι, δῆλον ὅτι μᾶλλον οὗτος βουλήσεται ᾧ μᾶλλον ὑπάρχει τοῦτο· οἷον εἰ τυγχάνει τις αἱρούμενος τὸ περιπατεῖν ὅτι ὑγιεινόν, εἴη δὲ μᾶλλον αὐτῷ ὑγιεινὸν τὸ τροχάζειν καὶ δυνατὸν παραγενέσθαι, μᾶλλον αἱρήσεται τοῦτο κἂν ἕλοιτο γνοὺς θᾶττον. εἰ τοίνυν ἐστὶν ἀληθὴς δόξα φρονήσει ὅμοιον, εἴπερ αἱρετὸν τὸ δοξάζειν ἀληθῶς ταύτῃ καὶ κατὰ τοσοῦτον καθόσον ὅμοιον τῇ φρονήσει διὰ τὴν ἀλήθειαν, εἰ μᾶλλον τοῦτο τῷ φρονεῖν ὑπάρχει, μᾶλλον αἱρετὸν τὸ φρονεῖν ἔσται τοῦ δοξάζειν ἀληθῶς. B 72. Ἔτι εἰ τὸ ὁρᾶν ἀγαπῶμεν δι' ἑαυτό, ἱκανῶς μαρτυρεῖ τοῦθ' ὅτι πάντες τὸ φρονεῖν καὶ τὸ γιγνώσκειν ἐσχάτως ἀγαπῶσιν· B 73. τὸ γὰρ ζῆν ἀγαπῶντες τὸ φρονεῖν καὶ τὸ γνωρίζειν ἀγαπῶσι· δι' οὐδὲν γὰρ ἕτερον αὐτὸ τιμῶσιν ἢ διὰ τὴν αἴσθησιν καὶ μάλιστα διὰ τὴν ὄψιν· ταύτην γὰρ τὴν

B 70. ψυχῆς Düring, Schneeweiss, Chroust: ἀρετῆς F ||
B 71. ταύτῃ Vitelli: ταύτην F ||
B 72. εἰ <δὲ> τὸ Schneeweiss ||
B 73. τὸ γὰρ: οὐκοῦν Schneeweiss ||

lichkeit und glückliches Leben›: ihr Werk ist aber nichts anderes als das philosophische Leben. Man muß also daran festhalten, daß das Wissen, von dem wir sprechen, theoretisch ist, da sein Ziel unmöglich ein Schaffen sein kann. (B 70) Erkennen und philosophisches Denken sind also die eigentlichen Aufgaben der Seele[65]. Dieses ist für uns Menschen das Wählenswerteste von allem, vergleichbar, meine ich, mit der Sehkraft, die man gewiß auch dann schätzen würde, wenn kein anderes Ergebnis durch sie zustandekäme, als eben nur das Sehen. (B 71) ‹Das könnte man folgendermaßen beweisen›. Wenn jemand ein Ding[66] liebt, weil es etwas anderes als hinzutretende Eigenschaft hat, so ist es klar, daß er noch mehr dasjenige lieben wird, dem diese Eigenschaft in höherem Maße zukommt. Wenn z. B. jemand das Spazierengehen liebt, weil es gesund ist, so würde er, falls das Laufen noch gesünder und er dazu fähig wäre, dieses vorziehen, und er hätte es schon früher vorgezogen, wenn er es früher gewußt hätte. ‹Ein anderes Argument›. Wenn eine wahre Meinung der wissenschaftlichen Erkenntnis ähnlich ist (denn wir gestehen, daß ein wahres Meinen wertvoll ist, insofern[67] als es wegen seines Wahrheitsgehalts der wissenschaftlichen Erkenntnis ähnlich ist), und wenn dieser Wahrheitsgehalt im höherem Grad der wissenschaftlichen Erkenntnis eigen ist, dann wird das Erkennen wählenswerter sein als das wahre Meinen. (B 72) Wenn wir das Sehvermögen um seiner selbst willen lieben, so ist dies ein hinlänglicher Beweis dafür, daß alle Menschen das Denken und das Erkennen in höchstem Maße lieben[68], (B 73) denn sie lieben das Leben und lieben damit auch das Denken und Erkennen. Aus keinem anderen Grunde ist ihnen das Leben verehrungswürdig als wegen der Sinneswahrnehmung und vor

[65] Die Hs. hat ἀρετῆς, was offenbar unrichtig ist; man muß ψυχῆς lesen.

[66] Die typisch aristotelische Terminologie: ein τόδε τι plus ein συμβεβηκός.

[67] ταύτῃ καὶ κατὰ τοσοῦτον ὅσον steht für den in den Lehrschriften üblichen Fachausdruck ᾗ (qua, insofern). Vgl. EN VII 5, 1146 b 27–31.

[68] Alpha 1, 980 a 21 Πάντες ἄνθρωποι τοῦ εἰδέναι ὀρέγονται φύσει.

δύναμιν ὑπερβαλλόντως φαίνονται φιλοῦντες· αὕτη γὰρ πρὸς τὰς ἄλλας αἰσθήσεις ὥσπερ ἐπιστήμη τις ἀτεχνῶς ἐστιν. B 74. Ἀλλὰ μὴν τό γε ζῆν τῷ αἰσθάνεσθαι διακρίνεται τοῦ μὴ ζῆν, καὶ ταύτης παρουσίᾳ καὶ δυνάμει τὸ ζῆν διώρισται, καὶ ταύτης ἐξαιρουμένης οὐκ ἔστιν ἄξιον ζῆν ὥσπερ ἀναιρουμένου τοῦ ζῆν αὐτοῦ διὰ τὴν αἴσθησιν. B 75. Τῆς δ' αἰσθήσεως ἡ τῆς ὄψεως διαφέρει δύναμις τῷ σαφεστάτη εἶναι, καὶ διὰ τοῦτο καὶ μάλιστα αἱρούμεθα αὐτήν. αἴσθησις δὲ πᾶσα δύναμίς ἐστι γνωριστικὴ διὰ σώματος, ὥσπερ ἡ ἀκοὴ τοῦ ψόφου αἰσθάνεται διὰ τῶν ὤτων. B 76. Οὐκοῦν εἰ τὸ ζῆν μέν ἐστιν αἱρετὸν διὰ τὴν αἴσθησιν, ἡ δ' αἴσθησις γνῶσίς τις, καὶ διὰ τὸ γνωρίζειν αὐτῇ δύνασθαι τὴν ψυχὴν <τὸ ζῆν> αἱρούμεθα, B 77. πάλαι δ' εἴπομεν ὅτι [περ] δυοῖν ἀεὶ μᾶλλον αἱρετὸν ᾧ μᾶλλον ὑπάρχει ταὐτόν· τῶν μὲν αἰσθήσεων τὴν ὄψιν ἀνάγκη μάλισθ' αἱρετὴν εἶναι καὶ τιμίαν, ταύτης δὲ καὶ τῶν ἄλλων ἁπασῶν αἱρετωτέρα καὶ <αὐτοῦ> τοῦ ζῆν ἐστιν ἡ φρόνησις, κυριωτέρα τῆς ἀληθείας <οὖσα>· ὥστε πάντες ἄνθρωποι τὸ φρονεῖν μάλιστα διώκουσι. B 78. Ὅτι τοίνυν τοῖς ἑλομένοις τὸν κατὰ νοῦν βίον καὶ τὸ ζῆν ἡδέως μάλιστα ὑπάρχει, δῆλον ἂν γένοιτο ἐντεῦθεν.

B 79. Φαίνεται διττῶς λέγεσθαι τὸ ζῆν, τὸ μὲν κατὰ δύναμιν τὸ δὲ κατ' ἐνέργειαν· ὁρῶντα γὰρ εἶναί φαμεν ὅσα τ' ἔχει τῶν ζῴων ὄψιν καὶ δυνατὰ πέφυκεν ἰδεῖν, κἂν μύοντα τυγχάνῃ, καὶ τὰ χρώ-

B 76. <τὸ ζῆν> Düring, Schneeweiss, Chroust ||

B 77. ὅτιπερ in marg. ὥσπερ in textu F [περ] Jaeger || ταὐτό potius legerem || <αὐτοῦ> Düring collato 89 in fine, Schneeweiss || <οὖσα> Jaeger ||

B 78. Summarium cap. XI annot. in marg. Ὅτι τῷ τὸν κατὰ νοῦν ἑλομένῳ βίον καὶ τὸ χαῖρον διαφερόντως ὑπάρχει ||

allem wegen des Sehens. Diese Fähigkeit schätzen sie offensichtlich über alle Maßen, weil sie sich zu den anderen Sinneswahrnehmungen geradezu wie eine Art von Wissen verhält[69]. (B 74) Nun unterscheidet sich das Leben durch die Wahrnehmung vom Nicht-Leben. Wir definieren das Leben durch die Gegenwart der Wahrnehmung und die Fähigkeit wahrzunehmen. Falls diese Fähigkeit weggenommen wird, ist das Leben nicht wert, gelebt zu werden; es ist, als ob das Leben selbst mitsamt der Wahrnehmung vernichtet würde. (B 75) Unter den Wahrnehmungsorganen zeichnet sich die Fähigkeit des Sehens aus, weil sie die schärfste ist. Darum schätzen wir sie auch am meisten. Jede Wahrnehmung ist eine Fähigkeit, etwas mit Hilfe des Körpers zu erkennen, wie z. B. das Gehör mit Hilfe der Ohren die Töne wahrnimmt. (B 76) Wenn also das Leben wegen der Wahrnehmung wählenswert ist, und die Wahrnehmung eine Art von Erkenntnis ist, und wenn wir das Leben deswegen vorziehen, weil die Seele durch die Wahrnehmung zur Erkenntnis gelangen kann; (B 77) ferner, wie ich soeben sagte, wenn von zwei Dingen immer dasjenige wählenswerter ist, dem dieselbe ‹erwünschte› Eigenschaft zukommt; dann ergibt sich, daß unter den Sinneswahrnehmungen das Sehen notwendigerweise die wählenswerteste und ehrwürdigste ist, daß aber noch wählenswerter als diese und alle übrigen Sinneswahrnehmungen und als das Leben selber[70] das philosophische Erkennen ist, weil es Herr der Wahrheit ist. Dies ist der Grund dafür, daß alle Menschen von allen Dingen am meisten das Erkennen erstreben. (B 78) Daß jene, die das intellektuelle Leben[71] wählen, auch ganz besonders angenehm leben können, mag aus folgendem hervorgehen.

(B 79) Es scheint, daß man in zweierlei Sinn vom Leben sprechen kann: von seiner Möglichkeit und von seiner Wirklichkeit. Sehend nennen wir alle Lebewesen, die Augen haben und mit Sehvermögen geboren sind, sowohl wenn sie die

[69] Poet. 4, 1448 b 15 χαίρουσι τὰς εἰκόνας ὁρῶντες, ὅτι συμβαίνει θεωροῦντας μανθάνειν.
[70] Vgl. B 110 ἀπιτέον.
[71] τὸν κατὰ νοῦν βίον.

μενα τῇ δυνάμει καὶ προσβάλλοντα τὴν ὄψιν. ὁμοίως δὲ καὶ τὸ ἐπίστασθαι καὶ τὸ γιγνώσκειν, ἓν μὲν τὸ χρῆσθαι καὶ θεωρεῖν λέγομεν, ἓν δὲ τὸ κεκτῆσθαι τὴν δύναμιν καὶ τὴν ἐπιστήμην ἔχειν. B 80. Εἰ τοίνυν τῷ μὲν αἰσθάνεσθαι τὸ ζῆν διακρίνομεν καὶ τὸ μὴ ζῆν, τὸ δ' αἰσθάνεσθαι διττόν, κυρίως μὲν τὸ χρῆσθαι ταῖς αἰσθήσεσιν ἄλλως δὲ τὸ δύνασθαι (διόπερ φαμὲν αἰσθάνεσθαι καὶ τὸν καθεύδοντα λέγοντες, ὡς ἔοικε), δῆλον ὅτι καὶ τὸ ζῆν ἀκολουθήσει διττῶς λεγόμενον· τὸν μὲν γὰρ ἐγρηγορότα φατέον ζῆν ἀληθῶς καὶ κυρίως, τὸν δὲ καθεύδοντα διὰ τὸ δύνασθαι μεταβάλλειν εἰς ταύτην τὴν κίνησιν, καθ' ἣν λέγομεν ἐγρηγορέναι τε καὶ τῶν πραγμάτων αἰσθάνεσθαί τινος, διὰ τοῦτο καὶ εἰς τοῦτο βλέποντες <sc. φατέον ζῆν αὐτόν>. B 81. Ὅταν οὖν λέγηταί τι ταὐτὸν ἑκάτερον δυοῖν ὄντοιν, ᾖ δὲ θάτερον λεγόμενον ἢ τῷ ποιεῖν ἢ τῷ πάσχειν, τούτῳ μᾶλλον ἀποδώσομεν ὑπάρχειν τὸ λεχθέν, οἷον ἐπίστασθαι μὲν μᾶλλον τὸν χρώμενον τοῦ τὴν ἐπιστήμην ἔχοντος, ὁρᾶν δὲ τὸν προσβάλλοντα τὴν ὄψιν τοῦ δυναμένου προσβάλλειν. B 82. Οὐ γὰρ μόνον τὸ μᾶλλον λέγομεν καθ' ὑπεροχὴν ὧν ἂν εἷς ᾖ λόγος, ἀλλὰ καὶ

B 80. τῷ ante χρῆσθαι et δύνασθαι Kiessling: τῶ F ‖

B 81. τῷ ποιεῖν ἢ τῷ πάσχειν: τὸ – τὸ Pistelli ‖ Schol. in marg. ση: ἀντὶ τοῦ κατ' ἐνέργειαν ‖

B 82. οὐχ ᾗ Vitelli: οὐχί F ‖

Augen zufällig zumachen, als auch wenn sie sich ihres Sehvermögens bedienen und etwas ansehen. Dasselbe gilt vom Wissen und Erkennen. Das eine nennen wir den Gebrauch und das wirkliche Betrachten, das andere den Besitz der Fähigkeit und das Wissen-Haben[72]. (B 80) Wenn wir das Leben und das Nicht-Leben durch den Besitz oder Nichtbesitz des Wahrnehmungsvermögens unterscheiden, und wir vom Wahrnehmen in zweierlei Sinn sprechen, nämlich im gewöhnlichen Sprachsinn vom faktischen Gebrauch der Wahrnehmung, sodann aber auch von der Möglichkeit wahrzunehmen (darum, so scheint es, sagen wir, daß auch der Schlafende wahrnehme), so folgt klar daraus, daß wir auch vom Leben in zweierlei Sinn sprechen. Vom Wachen sagen wir, daß er im wahren und eigentlichen Sinne lebe, vom Schlafenden, daß er es tue, weil er die Fähigkeit besitzt, in die Tätigkeit hinüberzuwechseln, die das Merkmal des Wachseins und der faktischen Wahrnehmung von Dingen ist. Aus diesem Grunde und im Hinblick auf diese Unterscheidung ‹zwischen Potentialität und Aktivität› sind wir berechtigt zu sagen, daß der Schlafende lebt. (B 81) Wenn wir also dasselbe Wort in zweierlei Sinn gebrauchen, einerseits im Sinne von „tätig sein hier und jetzt", andererseits im Sinne von „sich in einem Zustande befinden", so werden wir sagen, daß das Erstgenannte in höherem Grade den eigentlichen Sinn des Wortes wiedergibt. So bedeutet z. B. „Er weiß", entweder, daß einer sein Wissen verwendet oder daß er es besitzt; „Er sieht" entweder, daß er etwas ansieht oder daß er Sehvermögen besitzt; in beiden Fällen stellt die erstgenannte Bedeutung den höheren Wert dar. (B 82) Denn bei Dingen, für welche das gesprochene Wort[73] ein und dasselbe ist, sprechen wir von „höher" nicht nur im Sinne eines Mehrseins, sondern auch im Sinne der lo-

[72] Wie man sieht, ist dies eine populär formulierte Darstellung der Lehre von δύναμις – ἐνέργεια. Vgl. EE II 1, 1219 a 24, Dirlmeier 225.

[73] ὧν ἂν εἷς ᾗ λόγος; λόγος bedeutet hier ὁ ἐν τῇ φωνῇ λόγος. Wörter wie ὑγίεια, ὑγιεινός betrachtete Aristoteles als πτώσεις ein und desselben Wortes.

κατὰ τὸ πρότερον εἶναι τὸ δ' ὕστερον, οἷον τὴν ὑγίειαν τῶν ὑγιεινῶν μᾶλλον ἀγαθὸν εἶναί φαμεν, καὶ τὸ καθ' αὑτὸ τὴν φύσιν αἱρετὸν τοῦ ποιητικοῦ· καίτοι τόν γε λόγον ὁρῶμεν ὡς οὐχ ᾗ ἐστι κατηγορούμενος ἀμφοῖν, ὅτι ἀγαθὸν ἑκάτερον ἐπί τε τῶν ὠφελίμων καὶ τῆς ἀρετῆς. B 83. Καὶ ζῆν ἄρα μᾶλλον φατέον τὸν ἐγρηγορότα τοῦ καθεύδοντος καὶ τὸν ἐνεργοῦντα τῇ ψυχῇ τοῦ μόνον ἔχοντος· διὰ γὰρ ἐκεῖνον καὶ τοῦτον ζῆν φαμεν, ὅτι τοιοῦτός ἐστιν οἷος ἐκείνως πάσχειν ἢ ποιεῖν. B 84. Οὐκοῦν τό γε χρῆσθαι παντὶ τοῦτ' ἔστιν, ὅταν εἰ μὲν ἑνὸς ἡ δύναμίς ἐστιν, τοῦτ' αὐτὸ πράττῃ τις, εἰ δὲ πλειόνων τὸν ἀριθμόν, ὃ ἂν τούτων τὸ βέλτιστον, οἷον αὐλοῖς· ἤτοι μόνον ὅταν αὐλῇ χρῆταί τις ἢ μάλιστα· ἴσως γὰρ ἐπὶ τούτῳ καὶ τὰ τῶν ἄλλων. οὐκοῦν καὶ μᾶλλον χρῆσθαι τὸν ὀρθῶς χρώμενον φατέον· τὸ γὰρ ἐφ' ὃ καὶ ὡς πέφυκεν ὑπάρχειν τῷ χρωμένῳ καλῶς καὶ ἀκριβῶς. B 85. Ἔστι δὴ καὶ ψυχῆς ἤτοι μόνον ἢ μάλιστα πάντων ἔργον τὸ διανοεῖσθαί τε καὶ λογίζεσθαι. ἁπλοῦν ἄρ' ἤδη τοῦτο καὶ παντὶ συλλογίζεσθαι ῥᾴδιον ὅτι ζῇ μᾶλλον ὁ διανοούμενος ὀρθῶς καὶ μάλιστα πάντων ὁ μάλιστα ἀληθεύων, οὗτος δ' ἐστὶν ὁ φρονῶν

B 83. ἐκείνως Pistelli: ἐκεῖνος F ||

B 84. τούτῳ suspectum sed retinet Schneeweiss: ἴσως γὰρ τοῦτο καὶ ἐπὶ τῶν ἄλλων mavult Düring || ἐφ' ὃ: ἐφ' ᾧ Vitelli ||

B 85. Schol. in marg. σῃ: τίς ὁ μᾶλλον ζῶν καὶ τό γε τελέως ζῆν τί ἐστιν ||

gischen Priorität. So sagen wir z. B., daß Gesundheit ein höheres Gut sei als das Gesundmachende und daß das seiner Natur nach an sich Wählenswerte in höherem Grade ein Gut sei als das, was ‹etwas Gutes› hervorbringt. Dennoch beobachten wir, daß dasselbe Wort ‹gut› von beiden ausgesagt wird, indessen nicht in identischem Sinne, denn wir nennen sowohl nützliche Dinge als auch die Trefflichkeit gut. (B 83) Wir sind daher berechtigt zu sagen, daß der Wache in höherem Grade lebt als der Schlafende und der mit seiner Seele Tätige in höherem Grade als derjenige, der die Seele bloß besitzt. ‹Wenn wir die logische Priorität ins Auge fassen, können wir sagen, daß› der Letztgenannte lebt, weil der Erstgenannte lebt, denn er ist in einer solchen Verfassung, daß er aktiv oder passiv leben kann. (B 84) Tätig sein bedeutet in jedem Falle folgendes: wenn jemand fähig ist, bloß eine Tätigkeit auszuüben, und er diese Tätigkeit ausübt, ‹so sagen wir, daß er tätig ist›; wenn er mehrere Fähigkeiten besitzt, ‹so sagen wir, daß er tätig ist› wenn er die wertvollste von diesen ausübt, z. B. wenn ein Aulet einen Doppelaulos spielt; ferner, wenn er den Aulos spielt, so ist der entweder schlechthin tätig oder in hohem Grad ‹d. h. er spielt schön›; so etwa verhält es sich auch in anderen Fällen ‹wenn wir das Wort „tätig sein" gebrauchen›. Wir müssen also sagen, daß derjenige, der sich richtig betätigt, sich auch in höherem Grade betätigt. Denn wer eine Tätigkeit schön und genau ausübt, der hat ein Ziel ‹d. h. das Gute› vor Augen und betätigt sich in natürlicher Weise ‹d. h. tut, was ihm die Natur vorgeschrieben hat›. (B 85) Wie ich schon gesagt habe, besteht die Tätigkeit der Seele entweder ausschließlich oder doch vorzugsweise im Denken und Überlegen. Es ist also leicht einzusehen und eine Schlußfolgerung, die jeder leicht ziehen kann, daß derjenige in höherem Grade lebt[74], der richtig denkt, und daß in höchstem Grade von allen derjenige lebt, der sich am meisten um die Wahrheit bemüht; dieses tut der Mann, der denkt und

[74] D. h. ein wertvolleres Leben lebt. Vgl. Dirlmeiers Bemerkungen EE 178.

καὶ θεωρῶν κατὰ τὴν ἀκριβεστάτην ἐπιστήμην· καὶ τό γε τελέως ζῆν τότε καὶ τούτοις ἀποδοτέον, τοῖς φρονοῦσι καὶ τοῖς φρονίμοις. B 86. Εἰ δὲ τὸ ζῆν ἐστι τῷ ζῴῳ γε ταὐτὸν παντὶ ὅπερ εἶναι, δῆλον ὅτι κἂν εἴη γε μάλιστα καὶ κυριώτατα πάντων ὁ φρόνιμος, καὶ τότε μάλιστα τοῦ χρόνου παντὸς ὅταν ἐνεργῇ καὶ τυγχάνῃ θεωρῶν τὸ μάλιστα τῶν ὄντων γνώριμον. B 87. Ἀλλὰ μὴν ἥ γε τελεία ἐνέργεια καὶ ἀκώλυτος ἐν ἑαυτῇ ἔχει τὸ χαίρειν, ὥστ' ἂν εἴη ἡ θεωρητικὴ ἐνέργεια πασῶν ἡδίστη.

B 88. Ἔτι τοίνυν ἕτερόν ἐστιν τὸ ἡδόμενον πίνειν καὶ τὸ ἡδέως πίνειν· οὐδὲν γὰρ κωλύει μὴ διψῶντά τινα μηδ' οἵῳ χαίρει πόματι προσφερόμενον πίνοντα χαίρειν, μὴ τῷ πίνειν ἀλλὰ τῷ συμβαίνειν ἅμα θεωρεῖν ἢ θεωρεῖσθαι καθήμενον. οὐκοῦν τοῦτον ἥδεσθαι μὲν καὶ ἡδόμενον πίνειν φήσομεν, ἀλλ' οὐ τῷ πίνειν οὐδ' ἡδέως πίνειν. οὐκοῦν οὕτως καὶ βάδισιν καὶ καθέδραν καὶ μάθησιν καὶ πᾶσαν κίνησιν ἐροῦμεν ἡδεῖαν ἢ λυπηράν, οὐχ ὅσων συμβαίνει λυπεῖσθαι παρουσῶν ἡμᾶς ἢ χαίρειν, ἀλλ' ὧν τῇ παρουσίᾳ καὶ λυπούμεθα πάντες καὶ χαίρομεν.

B 89. Καὶ ζωὴν οὖν ἡδεῖαν ὁμοίως ἐροῦμεν, ἧς ἡ παρουσία τοῖς ἔχουσιν ἡδεῖα, καὶ ζῆν ἡδέως οὐ πάντας ὅσοις ζῶσι συμβαίνει

B 86. τῷ ζῴῳ Arcerius: τὸ ζώω F ‖ ταὐτὸ παντὶ vel παντὶ ταὐτὸν potius legendum ‖

philosophiert auf Grund des exaktesten Wissens[75]. Und das vollkommene Leben existiert für jene, die philosophische Erkenntnis besitzen, wenn sie sich philosophisch betätigen. (B 86) Wenn nun das Leben für jedes Lebewesen identisch mit dem Dasein ist, so ist es offenkundig, daß von allen Menschen der Philosoph die größte Intensität des Daseins im wahren Sinne des Wortes erreicht, besonders wenn er sich philosophisch betätigt und sein Denken auf das richtet, was von allem Seienden der Erkenntnis am zugänglichsten ist[76]. (B 87) Ferner trägt die vollkommene und ungehinderte Tätigkeit auch in sich selber Freude, und darum ist wohl die philosophische Tätigkeit von allen die erfreulichste.

(B 88) Die Freude kann aber in verschiedener Relation zur Tätigkeit stehen. Mit Freude trinken und sich dem Trinken mit Freude hingeben ist nicht dasselbe[77]. Denn nichts hindert es, daß einer trinkt, ohne durstig zu sein, sondern einen Trunk zu sich nimmt, der ihm keinen Genuß bereitet, und daß er dennoch Freude fühlt, nicht am Trinken, sondern weil er zufällig, während er irgendwo sitzt, etwas betrachtet oder selbst betrachtet wird. Von ihm werden wir sagen, daß er Freude fühlt und mit Freude trinkt, aber seine Freude kommt nicht vom Trinken, und er hat seine Freude nicht am Trinken. In derselben Weise nennen wir auch Gehen, Sitzen, Lernen und jede Art von Bewegung erfreulich oder schmerzlich, nicht weil wir zufälligerweise Freude oder Schmerz fühlen, während wir dieses gerade tun, sondern weil wir alle durch dieses Tun selbst Freude oder Schmerz empfinden. (B 89) Desgleichen nennen wir jenes erfreuliche Leben erfreulich, dessen Gegenwart für die, die es führen, erfreulich ist; wir sprechen von einem erfreulichen Leben nicht bei denen, die sich im Leben an etwas freuen, sondern bei denen, denen das Leben selbst

[75] D. h. mit Ausgangspunkt von ἀρχαί und αἰτίαι.

[76] D. h. auf die Prinzipien, die ἁπλῶς oder τῇ φύσει γνώριμα sind, denn man erkennt die Dinge, die ἡμῖν γνώριμα sind, erst aus ihnen. Vgl. B 38 und H. J. Krämer, Arete bei Platon 353–354.

[77] Hier popularisiert er seine Lehre vom καθ' αὑτό und συμβεβηκός, in B 90 seine Lehre von ἐνέργεια – δύναμις.

χαίρειν, ἀλλ' οἷς αὐτὸ τὸ ζῆν ἡδὺ καὶ χαίρουσι τὴν ἀπὸ ζωῆς ἡδονήν.

B 90. Οὐκοῦν τὸ ζῆν ἀποδίδομεν τῷ μὲν ἐγρηγορότι μᾶλλον ἢ τῷ καθεύδοντι, τῷ φρονοῦντι δ' ἢ τῷ ἄφρονι μᾶλλον, τὴν δ' ἀπὸ ζωῆς ἡδονὴν τὴν ἀπὸ τῆς χρήσεως γιγνομένην φαμὲν εἶναι τῆς ψυχῆς· τοῦτο γάρ ἐστι τὸ ζῆν ἀληθῶς.

B 91. Εἰ τοίνυν καὶ πολλαὶ ψυχῆς εἰσι χρήσεις, ἀλλὰ κυριωτάτη γε πασῶν ἡ τοῦ φρονεῖν ὅτι μάλιστα. δῆλον τοίνυν ὅτι καὶ τὴν γιγνομένην ἀπὸ τοῦ φρονεῖν καὶ θεωρεῖν ἡδονὴν ἢ μόνην ἢ μάλιστ' ἀναγκαῖον ἀπὸ τοῦ ζῆν εἶναι. τὸ ζῆν ἄρα ἡδέως καὶ τὸ χαίρειν ὡς ἀληθῶς ἤτοι μόνοις ἢ μάλισθ' ὑπάρχει τοῖς φιλοσόφοις. ἡ γὰρ τῶν ἀληθεστάτων νοήσεων ἐνέργεια, καὶ ἀπὸ τῶν μάλιστ' ὄντων πληρουμένη καὶ στέγουσα ἀεὶ μονίμως τὴν ἐνδιδομένην τελειότητα, αὕτη πασῶν ἐστι καὶ πρὸς εὐφροσύνην ἀνυσιμωτάτη.

B 92. ["Ωστε καὶ δι' αὐτὸ τὸ χαίρειν τὰς ἀληθεῖς καὶ ἀγαθὰς ἡδονὰς φιλοσοφητέον ἐστὶ τοῖς νοῦν ἔχουσιν].

B 93. Εἰ δὲ δεῖ μὴ μόνον ἀπὸ τῶν μερῶν τοῦτο συλλογίσασθαι, ἀλλὰ καὶ ἀπὸ τῆς ὅλης εὐδαιμονίας ἄνωθεν τὸ αὐτὸ κατασκευάσαι, λέγωμεν διαρρήδην ὅτι δὴ ὡς ἔχει πρὸς εὐδαιμονίαν τὸ φιλοσοφεῖν,

B 93. πρὸς τὸ σπουδαίους ἡμᾶς ἢ φαύλους εἶναι Düring quem sequitur Schneeweiss: πρὸς τὸ σπουδαῖον ἡμῖν ἢ φαῦλον εἶναι F ‖ Summarium cap. XII annot. in marg. 'Από τοῦ πρὸς εὐδαιμονίαν φέρειν φιλοσοφίαν τελέως καὶ ἀληθῶς ἔφοδος εἰς προτροπὴν τοῦ φιλοσοφεῖν τελέαν καὶ ἀνυσιμωτάτην.

eine Freude ist und die eben Freude am Leben selbst haben. (B 90) An Hand solcher Erwägungen sagen wir, daß der Wache in höherem Grade lebt als der Schlafende, der Verständige in höherem Grade als der Gedankenlose, und wir behaupten, daß die Freude am Leben von dem Gebrauch kommt, den man von der Seele macht; die Tätigkeit der Seele ist wahrhaft leben. (B 91) Mit der Seele kann man auf vielerlei Weise tätig sein; die wichtigste von allen ist aber, so intensiv wie möglich zu denken. Es steht also fest, daß die Freude, die dem philosophischen Denken entspringt, entweder allein oder doch vorzugsweise die Freude des Lebens ist. Freudig zu leben und wahrhaft Freude zu empfinden, steht also allein oder doch vorzugsweise den Philosophen zu. Denn die Tätigkeit unserer wahrsten Gedanken, die sich aus den höchsten Prinzipien des Seienden ernähren und stets beharrlich die ihnen eingegebene Vollkommenheit bewahren, die ist es auch, die von allen Tätigkeiten am meisten die Freude des Lebens schafft. (B 92) Gerade um die wahren und guten Freuden zu genießen, sollten also die Verständigen philosophieren[78].

(B 93) ‹Macht das intellektuelle Leben den Menschen glücklich?›[79]. Nicht nur dadurch, daß wir die Einzelheiten betrachten, die das glückliche Leben stiften, sondern auch dadurch, daß wir tiefer[80] in das Problem eindringen und das Lebensglück als Ganzes betrachten, können wir zu derselben Schlußfolgerung kommen. Laßt uns zunächst klar feststellen: so wie sich das intellektuelle Leben zum Lebensglück verhält, so verhält es sich auch zu unserem Charakter, je nachdem, ob wir vollwertige oder nichtswürdige Menschen sind[81]. Denn alle Menschen finden entweder das wählenswert, was zum Lebens-

[78] B 92 ist von Iamblichos umformuliert worden, siehe meinen Kommentar.

[79] B 93–96 sind von Iamblichos stark verkürzte Fragmente eines Abschnitts über die εὐδαιμονία. Zu B 94 vgl. Dirlmeier EE 151 und 225.

[80] Aristoteles sagt ἄνωθεν, denn alles Prinzipielle ist etwas Höheres; eine gute Parallele bietet GA II 1, 731 b 23.

[81] Vgl. EN VI 13, 1144 b 1.

οὕτω καὶ πρὸς τὸ σπουδαίους ἡμᾶς ἢ φαύλους εἶναι αὐτὸ διακεῖσθαι· πάντα γὰρ τὰ μὲν πρὸς τοῦτο τὰ δὲ διὰ τοῦτο πᾶσιν αἱρετέον εἶναι, καὶ τὰ μὲν ὡς ἀναγκαῖα τῶν πραγμάτων τὰ δ' ἡδέα δι' ὧν εὐδαιμονοῦμεν.

B 94. Οὐκοῦν τὴν εὐδαιμονίαν τιθέμεθα ἤτοι φρόνησιν εἶναι καί τινα σοφίαν ἢ τὴν ἀρετὴν ἢ τὸ μάλιστα χαίρειν <ἢ> πάντα ταῦτα.

B 95. Οὐκοῦν εἴτε φρόνησίς ἐστι, φανερὸν ὅτι μόνοις ἂν ὑπάρχοι τοῖς φιλοσόφοις τὸ ζῆν εὐδαιμόνως, εἴτ' ἀρετὴ ψυχῆς ἢ τὸ χαίρειν, κἂν οὕτως ἢ μόνοις ἢ μάλιστα πάντων· ἀρετὴ γάρ ἐστι τὸ κυριώτατον τῶν ἐν ἡμῖν, ἥδιστόν τε πάντων ἐστὶν ὡς ἓν πρὸς ἓν ἡ φρόνησις. ὁμοίως δὲ κἂν ταῦτα πάντα ταὐτὰ φῇ τις εἶναι τῇ εὐδαιμονίᾳ, ὁριστέον ἐστὶ τῷ φρονεῖν.

B 96. Ὥστε φιλοσοφητέον ἂν εἴη πᾶσι τοῖς δυναμένοις· ἢ γάρ τοι τοῦτ' ἐστὶ τὸ τελέως εὖ ζῆν, ἢ μάλιστά γε πάντων ὡς ἓν εἰπεῖν αἴτιον ταῖς ψυχαῖς <sc. τοῦ τελέως εὖ ζῆν>.

B 97. Οὐ χεῖρον δ' ἔτι <δηλοῦν> [καὶ ἀπὸ τῶν κοινῶν ἐννοιῶν ὑπομνῆσαι] τὸ προκείμενον ἀπὸ τῶν ἐναργῶς πᾶσι φαινομένων.

B 98. Παντὶ δὴ οὖν τοῦτό γε πρόδηλον, ὡς οὐδεὶς ἂν ἕλοιτο ζῆν ἔχων τὴν μεγίστην [ἀπ'] <ἐξ> ἀνθρώπων οὐσίαν καὶ δύναμιν, ἐξεστηκὼς μέντοι τοῦ φρονεῖν καὶ μαινόμενος, οὐδ' εἰ μέλλοι τὰς νεανικωτάτας ἡδονὰς διώκειν χαίρων, ὥσπερ ἔνιοι τῶν παραφρονούντων διάγουσιν. οὐκοῦν ἀφροσύνην, ὡς ἔοικε, μάλιστα πάντες φεύγουσιν. ἐναντίον δὲ φρόνησις ἀφροσύνῃ, τῶν δ' ἐναντίων ἑκάτερον τὸ μὲν φευκτόν ἐστι τὸ δ' αἱρετόν.

B 94. <ἢ> Vulcanius ||

B 95. ταὐτὰ – τῇ εὐδαιμονίᾳ Düring quem sequitur Schneeweiss: ταὐτὰ – τὴν εὐδαιμονίαν F || ὁριστέον ἐστὶ τῷ φρονεῖν Ross: ὁριστέον ἐστὶ τὸ φρονεῖν F Pistelli, Walzer αἱρετέον ἐστὶ τὸ φρονεῖν Vulcanius ||

B 97. <δηλοῦν> Düring || [καὶ – ὑπομνῆσαι] a Iamblicho addita || Summarium cap. VIII annot. in marg. Ὑπομνήσεις ἀπὸ τῶν κοινῶν ἐννοιῶν παραμυθούμεναι τὸ πρώτως ὀρεκτὸν καὶ δι' ἑαυτὸ αἱρετὸν φιλοσοφίας ἐναργῶς τε προάγουσαι εἰς τὴν προτροπὴν ἀπὸ τῶν γνωρίμων τοῖς πᾶσιν ||

B 98. οὖν delevit Jaeger || μεγίστην [ἀπ']: Aristoteles fortasse scripsit τὴν ἐξ ἀνθρώπων οὐσίαν Vitelli || διώκειν Diels, Ross, Schneeweiss; ζώειν F διάγειν Vitelli ζωῆς διατελεῖν Bignone ||

glück führt, oder das, was eine Folge des Lebensglückes ist; außerdem sind von den Dingen, die uns glücklich machen, die einen notwendig, die anderen erfreulich. (B 94) Wir definieren Lebensglück entweder als Geisteskraft und eine Art von Weisheit oder als ethische Trefflichkeit oder als ein Höchstmaß an Freude oder als alles dieses zusammen. (B 95) Wenn Lebensglück mit Geisteskraft identisch ist, so ist es klar, daß allein den Philosophen das Lebensglück zukommen wird; wenn es Trefflichkeit der Seele ist oder das freudenreiche Leben, dann kommt es ebenfalls diesen, sei es ausschließlich, sei es vorzugsweise, zu. Nun ist von dem, was in uns ist, die Trefflichkeit das Herrschende[82], und das Erfreulichste von allem, wenn man eines mit dem anderen vergleicht, ist die Geisteskraft. Auch dann, wenn jemand behauptet, daß alles dieses zusammen das Lebensglück stiftet, muß man es so definieren, daß die Geisteskraft das wichtigste Merkmal ist. (B 96) Daher müssen alle philosophieren, die dazu fähig sind. Denn das ist entweder das vollkommene Leben selber, oder führt doch, wenn man nur einen Umstand nennen will, die Seele am ehesten dorthin.

(B 97) Es dürfte jetzt am Platze sein, unser Thema durch das Anführen allgemein anerkannter Ansichten zu beleuchten. (B 98) Es ist gewiß jedem klar, daß kein Mensch ein Leben wählen möchte, das zwar mit größtem Reichtum und größter Macht versehen ist, während er selbst jedoch der Denkfähigkeit beraubt und wahnsinnig wäre; er würde es auch dann nicht tun, wenn er sich der übermütigsten Genüsse erfreuen dürfte und so leben könnte, wie einige Verrückte es tun. Geistlosigkeit meiden die Menschen offenbar am meisten; Geistlosigkeit ist aber, wie es scheint, der Geisteskraft entgegengesetzt, und von zwei Gegensätzen meidet man den einen und wählt den anderen. (B 99) Denn indem wir die

[82] Vgl. MM I 11, 1187 b 20 ἐπειδήπερ ἐν ἐμοί ἐστι τὸ δικαίῳ εἶναι καὶ σπουδαίῳ, ἐὰν βούλωμαι, ἔσομαι πάντων σπουδαιότατος, EN III 7, 1113 b 20 ὧν καὶ αἱ ἀρχαὶ ἐν ἡμῖν, καὶ αὐτὰ ἐφ' ἡμῖν. Denn der Mensch ist Urheber seiner Handlungen, γεννητήν 1113 b 18.

B 99. Ὥσπερ οὖν τὸ κάμνειν φευκτόν, οὕτως αἱρετὸν ἡμῖν τὸ ὑγιαίνειν. φρόνησις οὖν, ὡς ἔοικε, καὶ κατὰ τοῦτον τὸν λόγον φαίνεται τὸ πάντων αἱρετώτατον οὐ δι' ἕτερόν τι τῶν συμβαινόντων, [ὡς μαρτυροῦσιν αἱ κοιναὶ ἔννοιαι]. εἰ γὰρ καὶ πάντα τις ἔχοι, διεφθαρμένος δ' εἴη καὶ νοσῶν τῷ φρονοῦντι, οὐχ αἱρετὸς ὁ βίος· οὐδὲν γὰρ ὄφελος οὐδὲ τῶν ἄλλων ἀγαθῶν.

B 100. Ὥστε πάντες καθ' ὅσον θιγγάνονται τοῦ φρονεῖν καὶ γεύεσθαι δύνανται τούτου τοῦ πράγματος, οὐδὲν οἴονται τἆλλα εἶναι, καὶ διὰ ταύτην τὴν αἰτίαν οὔτ' ἂν μεθύων οὔτε παιδίον οὐδ' ἂν εἷς ἡμῶν ὑπομείνειεν εἶναι διὰ τέλους [τὸν βίον].

B 101. Διὰ δὴ τοῦτο καὶ τὸ καθεύδειν ἥδιστον μέν, οὐχ αἱρετὸν δέ, κἂν ὑποθώμεθα πάσας τῷ καθεύδοντι παρούσας τὰς ἡδονάς, διότι τὰ μὲν καθ' ὕπνον φαντάσματα ψευδῆ, τὰ δ' ἐγρηγορόσιν ἀληθῆ. διαφέρει γὰρ οὐδενὶ τῶν ἄλλων τὸ καθεύδειν καὶ τὸ ἐγρηγορέναι πλὴν τῷ τὴν ψυχὴν τότε μὲν πολλάκις ἀληθεύειν, καθεύδοντος δ' ἀεὶ διεψεῦσθαι· τὸ γὰρ τῶν ἐνυπνίων εἴδωλόν ἐστι καὶ ψεῦδος ἅπαν.

B 102. Καὶ τὸ φεύγειν δὲ τὸν θάνατον τοὺς πολλοὺς δείκνυσι τὴν φιλομάθειαν τῆς ψυχῆς· φεύγει γὰρ ἃ μὴ γιγνώσκει, τὸ σκοτῶδες καὶ τὸ μὴ δῆλον, φύσει δὲ διώκει τὸ φανερὸν καὶ τὸ γνωστόν. διὸ καὶ μάλιστα τοὺς αἰτίους ἡμῖν τοῦ τὸν ἥλιον ἰδεῖν καὶ τὸ φῶς, αὐτούς φαμεν δεῖν τιμᾶν ὑπερβαλλόντως, καὶ σέβεσθαι πατέρα καὶ μητέρα ὡς μεγίστων ἀγαθῶν αἰτίους· αἴτιοι δ' εἰσίν, ὡς ἔοικε, τοῦ φρονῆσαί τι καὶ ἰδεῖν. διὰ τὸ αὐτὸ δὲ τοῦτο καὶ χαίρομεν τοῖς συν-

B 99. [ὡς – ἔννοιαι] fortasse Iamblichus addidit ||

B 100. θιγγάνονται vel ἅπτονται Düring: αἰσθάνονται F Schneeweiss || τοῦ φρονεῖν abesse mavult Pistelli || [τὸν βίον] Düring, vel si vis <κατὰ> τὸν βίον ||

B 102. καὶ φανερὸν – εἰ δὲ τὸ γνωστὸν om. marg. adscr. m. pr. || <τὸ> Rose, qui verba καὶ τὸ δῆλον et καὶ τὸ σαφὲς delevit || ἀναγκαῖον additum a Iamblicho suspicor ||

Krankheit meiden, wählen wir die Gesundheit. So scheint auch auf Grund dieser Argumentation die Geisteskraft das Wählenswerteste von allem zu sein, und zwar nicht, weil sich etwas anderes aus ihr ergäbe. (Das bezeugt die allgemeine Ansicht[83].) Denn selbst wenn jemand alles besäße, aber in der denkenden Seele hoffnungslos krank wäre, so wäre ihm das Leben nichts Wählenswertes, weil auch seine sonstigen Vorzüge keinen Nutzen brächten. (B 100) Darum meinen alle Menschen, soweit sie mit der Philosophie in Berührung kommen und von ihr zu kosten vermögen, daß die übrigen Dinge nichts wert seien; aus diesem Grunde würde es keiner von uns aushalten, bis zum Ende des Lebens im Zustand der Trunkenheit oder ein Kind[84] zu sein. (B 101) Aus demselben Grunde ist auch das Schlafen zwar äußerst angenehm, aber keineswegs ‹dem Wachsein› vorzuziehen, selbst wenn wir annehmen, daß der Schlafende alle möglichen Freuden genösse; denn die Vorstellungen im Schlafe sind falsch, die des Wachenden hingegen wahr. Das Schlafen und das Wachsein unterscheiden sich ja in nichts weiter voneinander als darin, daß die Seele im Wachsein oft die Wahrheit erkennt, im Schlafe aber sich immer täuscht; denn alle Träume sind nur Bilder und Unwirklichkeit. (B 102) Auch daß der gemeine Mann den Tod scheut, zeugt für die Wißbegierde der Seele. Sie flieht, was sie nicht kennt, das Dunkle und Unbekannte, und sucht ihrer Natur nach das Sichtbare und das Bekannte. Vor allem aus diesem Grunde sagen wir, daß wir diejenigen, denen wir es verdanken, daß wir die Sonne und das Licht sehen, aufs allerhöchste ehren müssen, und daß wir vor Vater und Mutter Ehrfurcht empfinden sollen, weil sie die Urheber unserer kostbarsten Güter sind; denn sie sind, so scheint es mir, Ursache dafür, daß wir etwas erkennen und sehen. Aus demselben Grunde freuen wir uns an den uns vertrauten Gegenständen und Menschen und nennen eben diese uns bekannten Men-

[83] Zusatz von Iamblichos.
[84] So auch EE I 5, 1215 b 22.

ἤθεσι καὶ πράγμασι καὶ ἀνθρώποις, καὶ φίλους τούτους καλοῦμεν τοὺς γνωρίμους. δηλοῖ οὖν ταῦτα σαφῶς ὅτι τὸ γνωστὸν καὶ <τὸ> φανερὸν καὶ τὸ δῆλον ἀγαπητόν ἐστιν. εἰ δὲ τὸ γνωστὸν καὶ τὸ σαφές, δῆλον ὅτι καὶ τὸ γιγνώσκειν [ἀναγκαῖον] καὶ τὸ φρονεῖν ὁμοίως.

B 103. Πρὸς δὲ τούτοις, ὥσπερ ἐπὶ τῆς οὐσίας οὐχ ἡ αὐτὴ κτῆσις ἕνεκα τοῦ ζῆν καὶ τοῦ ζῆν εὐδαιμόνως τοῖς ἀνθρώποις, οὕτω καὶ περὶ φρονήσεως· οὐ τῆς αὐτῆς, οἶμαι, δεόμεθα πρός τε τὸ ζῆν μόνον καὶ πρὸς τὸ ζῆν καλῶς. τοῖς μὲν οὖν πολλοῖς πολλὴ συγγνώμη τοῦτο πράττειν· εὔχονται μὲν γὰρ εὐδαιμονεῖν, ἀγαπῶσι δὲ κἂν μόνον δύνωνται ζῆν· ὅστις δ' οἴεται μὴ πάντα τρόπον ὑπομένειν αὐτὸ δεῖν, καταγέλαστον ἤδη τὸ μὴ πάντα πόνον πονεῖν καὶ πᾶσαν σπουδὴν σπουδάζειν ὅπως κτήσηται ταύτην τὴν φρόνησιν ἥτις γνώσεται τὴν ἀλήθειαν.

B 104. Γνοίη δ' ἄν τις τὸ αὐτὸ καὶ ἀπὸ τούτων, εἰ θεωρήσειεν ὑπ' αὐγὰς τὸν ἀνθρώπειον βίον. εὑρήσει γὰρ τὰ δοκοῦντ' εἶναι μεγάλα τοῖς ἀνθρώποις πάντ' ὄντα σκιαγραφίαν, ὅθεν καὶ λέγεται καλῶς τὸ μηδὲν εἶναι τὸν ἄνθρωπον καὶ τὸ μηδὲν εἶναι βέβαιον τῶν ἀνθρωπίνων. ἰσχύς τε γὰρ καὶ μέγεθος καὶ κάλλος γέλως ἐστὶ καὶ οὐδενὸς ἄξια, † κάλλος τε † παρὰ τὸ μηδὲν ὁρᾶν ἀκριβὲς δοκεῖ εἶναι τοιοῦτον.

B 105. Εἰ γάρ τις ἐδύνατο βλέπειν ὀξὺ καθάπερ τὸν Λυγκέα φασίν, ὃς διὰ τῶν τοίχων ἑώρα καὶ τῶν δένδρων, πότ' ἂν ἔδοξεν εἶναί τινα τὴν ὄψιν ἀνεκτόν, ὁρῶν ἐξ οἵων συνέστηκε κακῶν; τιμαὶ δὲ καὶ δόξαι, τὰ ζηλούμενα μᾶλλον τῶν λοιπῶν, ἀδιηγήτου γέμει φλυαρίας·

B 103. Πρὸς δὲ Düring: Πρὸς δὴ F ‖ περὶ φρονήσεως F: ἐπὶ φ. Vitelli editores ‖ πονεῖν Rose: ὑπομένειν F ‖

B 104. † κάλλος τε † παρὰ F Schneeweiss: κάλλος γε παρὰ Rose μόνως γὰρ παρὰ mavult Düring ‖

B 105. ποτ': πῶς malim cum Kiessling. Haec fere fortasse scripsit Aristoteles πῶς ἂν ἔδοξεν εἶναι καὶ τὸν Ἀλκιβιάδην τὸν καλὸν τοῦτον τὴν ὄψιν ἀνεκτόν, cf. Boeth. Cons. 3,8 ‖ ἤ τί: τί superscr. F ‖ <τὴν τοῦ> Düring quem sequitur Schneeweiss ‖ 105–106 φαίνεται πολύ.

schen Freunde[85]. Dieses alles zeigt deutlich, daß wir das Bekannte, Sichtbare und Klare lieben; wenn wir nun das Bekannte und Einleuchtende lieben, dann lieben wir notwendig in derselben Weise auch das Erkennen und das Denken. (B 103) Wie es ferner im Hinblick auf den Besitz nicht dieselben Dinge sind, die die Menschen erwerben, bloß um leben zu können, und die sie erwerben, um glücklich zu leben, so verhält es sich auch mit der Geisteskraft. Das Denken, das wir bloß zum Leben brauchen, ist, meine ich, nicht dasselbe wie dasjenige, das wir zum vollkommenen Leben brauchen[86]. Dem gemeinen Mann muß man es durchaus verzeihen, wenn er es nur zu jenem bringt; er betet zwar um Lebensglück, ist aber schon froh, wenn er wenigstens zu leben vermag. Wenn jemand aber nicht meint, man müsse um jeden Preis durchs Leben hindurchkommen, so ist es wirklich lächerlich, wenn er nicht jede Mühe auf sich nimmt und sich auf jede Weise anstrengt, um jene Geisteskraft zu erwerben, mit der er die Wahrheit erkennen kann.

(B 104) Dasselbe könnte man auch aus folgendem erkennen, wenn man einmal das menschliche Leben unbefangen betrachtete. Dann würde man entdecken, daß alle jene Dinge, die den Menschen groß vorkommen, nichts anderes sind als ein Schattenspiel. Darum heißt es auch mit Recht, daß der Mensch ein Nichts sei und daß nichts von den menschlichen Dingen Bestand habe. Denn Kraft, Größe und Schönheit sind zum Lachen und nichts wert; sie erscheinen uns nur so[87], weil wir nichts genau zu sehen vermögen. (B 105) Wenn nämlich jemand so scharf sehen könnte, wie man es vom Lynkeus sagt, der durch Wände und Bäume hindurchschauen konnte, würde er es dann jemals erträglich finden können, einen Mann

[85] Wie so oft in anderen Schriften beruft er sich auf die altgriechische Tradition: σέβε θεούς, γονεῖς τίμα, συνήδου τοῖς φίλοις. So auch der Nachahmer in Ad Demon. 4. Vgl. EN VIII 16, 1163 b 16.

[86] Hier sagt er offen, was wir schon wissen, daß nämlich φρόνησις sowohl Lebensklugheit als auch theoretisches Denken bezeichnet.

[87] D. h. sie sind nur φαινόμενα ἀγαθά, die wir oft für wirkliche Güter nehmen.

τῷ γὰρ καθορῶντι τῶν ἀιδίων τι ἠλίθιον περὶ ταῦτα σπουδάζειν. τί δ' ἐστὶ μακρὸν ἢ τί πολυχρόνιον τῶν ἀνθρωπίνων; ἀλλὰ διὰ τὴν ἡμετέραν ἀσθένειαν, οἶμαι, καὶ <τὴν τοῦ> βίου βραχύτητα καὶ τοῦτο φαίνεται πολύ.

B 106. Τίς ἂν οὖν εἰς ταῦτα βλέπων οἴοιτο εὐδαίμων εἶναι καὶ μακάριος, οἳ πρῶτον εὐθὺς φύσει συνέσταμεν, καθάπερ φασὶν οἱ τὰς τελετὰς λέγοντες, ὥσπερ ἂν ἐπὶ τιμωρίᾳ πάντες; τοῦτο γὰρ θείως οἱ ἀρχαιότεροι λέγουσι τὸ φάναι διδόναι τὴν ψυχὴν τιμωρίαν καὶ ζῆν ἡμᾶς ἐπὶ κολάσει μεγάλων τινῶν ἁμαρτημάτων.

B 107. Πάνυ γὰρ ἡ σύζευξις τοιούτῳ τινὶ ἔοικε πρὸς τὸ σῶμα τῆς ψυχῆς. ὥσπερ γὰρ τοὺς ἐν τῇ Τυρρηνίᾳ φασὶ βασανίζειν πολλάκις τοὺς ἁλισκομένους προσδεσμεύοντας κατ' ἀντικρὺ τοῖς ζῶσι νεκροὺς ἀντιπροσώπους ἕκαστον πρὸς ἕκαστον μέρος προσαρμόττοντας, οὕτως ἔοικεν ἡ ψυχὴ διατετάσθαι καὶ προσκεκολλῆσθαι πᾶσι τοῖς αἰσθητικοῖς τοῦ σώματος μέλεσιν.

B 106. Τίς ἂν Vulcanius, Cobet, Schneeweiss. φ. πολύ τι. ἐὰν F || οἳ πρῶτον F: corr. Rose ||

B 107. Τυραννίᾳ F: corr. Arcerius Cobet || διατετάσθαι: διαδεδέσθαι Vitelli sec. Phaed. 82 e ||

B 109. ἄλλα: ἄλογα Vitelli ||

wie den gefeierten Alkibiades[88] anzuschauen, wenn er dabei doch das ganze Elend mitsähe, aus dem dieser zusammengesetzt ist? Ehre und Ansehen, Dinge, die man mehr als das übrige zu erstreben pflegt, sind voll unbeschreiblichen Unsinnes; denn wer etwas vom Ewigen erblickt hat, der findet es einfältig, sich um solche Dinge Mühe zu machen. Was ist langlebig oder dauerhaft unter den menschlichen Dingen? Nur wegen unserer Schwäche, so meine ich, und wegen der Kürze unseres Lebens scheint uns auch dieses groß. (B 106) Wenn man dies in Betracht zieht, wer würde dann noch meinen, er sei glücklich und selig – wer von uns, die wir alle gleich von vornherein (wie es heißt, wenn man in die Mysterien eingeweiht wird) von Natur her entstanden sind, als ob wir zu büßen hätten? Denn göttlich ist der Spruch der Alten, wenn sie sagen, daß die Seele Buße zu zahlen habe und daß wir zur Strafe für irgendwelche großen Verfehlungen leben. (B 107) Das folgende Bild scheint mir die Verknüpfung der Seele mit dem Leibe gut zu illustrieren: Wie man nämlich berichtet, daß öfters in Tyrrhenien die Gefangenen dadurch gefoltert werden, daß man Leichname an die Lebenden anbindet, und zwar so, daß Gesicht gegen Gesicht gerichtet ist und Glied mit Glied zusammengeheftet wird, so scheint auch die Seele ausgespannt und an alle wahrnehmenden Glieder des Leibes angeklebt zu sein.

[88] Der Name steht nicht bei Iamblichos, aber bei Boethius, der wahrscheinlich Ciceros Hortensius zitiert, siehe C 104 und meinen Kommentar.

B 108. Οὐδὲν οὖν θεῖον ἢ μακάριον ὑπάρχει τοῖς ἀνθρώποις πλὴν ἐκεῖνό γε μόνον ἄξιον σπουδῆς, ὅσον ἐστὶν ἐν ἡμῖν νοῦ καὶ φρονήσεως· τοῦτο γὰρ μόνον ἔοικεν εἶναι τῶν ἡμετέρων ἀθάνατον καὶ μόνον θεῖον.

B 109. Καὶ παρὰ τὸ τῆς τοιαύτης δυνάμεως δύνασθαι κοινωνεῖν, καίπερ ὢν ὁ βίος ἄθλιος φύσει καὶ χαλεπός, ὅμως οὕτως ᾠκονόμηται χαριέντως ὥστε δοκεῖν πρὸς τὰ ἄλλα θεὸν εἶναι τὸν ἄνθρωπον.

B 110. "Ὁ νοῦς γὰρ ἡμῶν ὁ θεός', [εἴθ' Ἑρμότιμος εἴτ' Ἀναξαγόρας εἶπε τοῦτο,] καὶ ὅτι 'ὁ θνητὸς αἰὼν μέρος ἔχει θεοῦ τινος'. ἢ φιλοσοφητέον οὖν ἢ χαίρειν εἰποῦσι τῷ ζῆν ἀπιτέον ἐντεῦθεν, ὡς τὰ ἄλλα γε πάντα φλυαρία τις ἔοικεν εἶναι πολλὴ καὶ λῆρος.

B 110: [εἴθ' – τοῦτο,] ut a Iamblicho additum seclusit Düring quem sequitur Schneeweiss || φλυαρία, in marg. αἰσχυνέσθωσαν οἱ κατ' ἐμὲ Χριστιανοὶ τὸν φιλόσοφον Ἕλληνα φλυαρίαν καὶ λῆρον τὸ παρὰ τὸ φιλοσοφεῖν λογιζόμενον schol. ||

(B 108) So gibt es also für die Menschen nichts Göttliches oder Seliges außer jenem Einen, das allein der Mühe wert ist, nämlich das, was in uns an Verstand und Geisteskraft vorhanden ist. Von dem, was unser ist, scheint dies allein unvergänglich, dies allein göttlich zu sein. (B 109) Kraft unseres Vermögens, an dieser Fähigkeit teilzuhaben, ist unser Leben, obwohl von Natur armselig und mühsam, so herrlich eingerichtet, daß der Mensch im Vergleich zu den anderen Lebewesen ein Gott zu sein scheint. (B 110) Denn mit Recht sagen die Dichter: „Der nous ist der Gott in uns" und „Menschliches Leben birgt einen Teil eines Gottes in sich". Also soll man entweder philosophieren oder vom Leben Abschied nehmen und von hier weggehen[89]; denn alles übrige scheint nur ein törichtes Geschwätz zu sein und leeres Gerede.

[89] Gorg. 512 a, Theait. 176 ab, Phaidon 64 a.

Kommentar

B 2–5. Der Text ist in Stobaios III 200 Hense und zum größten Teil auch in Pap. Oxyrh. IV 666 überliefert. Offensichtlich fand Aristoteles seinen Ausgangspunkt in Platons Euthydemos 278e–282d; ähnliche Gedanken in Apol. 29de und Ges. 661ab. Zu B3 vgl. Pol. VII 1, 1323a 23–35 und EE VIII 3, 1248b 27–37. Grundgedanke: Trefflichkeit des Charakters in Armut ist besser als Reichtum in Schlechtigkeit.

B 6. Es gibt zahlreiche Varianten dieses Textes, die Chroust a. a. O. verzeichnet. Gleich Rabinowitz a. a. O. 35 und D. Furley, JHS 89 (1959) 178 meine ich, daß wir nur den von Alexander von Aphrodisias gegebenen Text als Originalfassung anerkennen können, vgl. Flashar a. a. O. 65. Der Satz von der Unumgänglichkeit des Philosophierens kommt in B 110 klar zum Ausdruck.

B 7–9. Der Text ist von Iamblichos stark zusammengezogen und teilweise umformuliert worden. Im Original mag Aristoteles folgende Gedanken entwickelt haben: (B 7) Wir wollen jetzt die Rolle der Philosophie im praktischen Leben erörtern, besonders ihre Bedeutung für den Staatsmann. Vgl. Ges. 732e τὰ δ' ἀνθρώπινα νῦν ἡμῖν οὐκ εἴρηται, δεῖ δέ· ἀνθρώποις γὰρ διαλεγόμεθα, ἀλλ' οὐ θεοῖς. Wir fragen hier, ob Platon von Aristoteles beeinflußt ist oder umgekehrt Aristoteles von Platon. Wie Schneeweiss 60 bemerkt, bewegt sich im Protreptikos der Gedankengang vom Erfahrungsbereich zur reinen Theoria, in Platon umgekehrt. – (B 8) Der Leib und die materiellen Dinge sind Werkzeuge; ungeeigneter Gebrauch dieser Werkzeuge ist schädlich; die schädlichen Wirkungen treffen am ärgsten denjenigen, der sie unrichtig gebraucht; daher müssen wir Einsicht erwerben, wie wir die Werkzeuge anwenden sollen; solche Einsicht ist besonders notwendig für den Staatsmann. Die Werkzeugmethaper bei Platon Theait. 184d οἷον ὄργανα τῆς ψυχῆς, vgl. Aristoteles PA I 5, 645b 15. – (B 9) Wenn man Platons Ansicht ganz einfach zusammenfaßt, so unterscheidet er das Denken radikal von der Sinneswahrnehmung; die Gegenstände, die das Denken aktualisiert, sind transzendente Ideen; das Denken bewegt sich in einer anderen Welt, im Reich der νοητά, d. h. der Abstraktionen. Daher sind seiner Ansicht nach Wissen, ἐπιστήμη, und Meinung, δόξα, grundverschieden und inkommensurabel. Platons Ansicht ist frei von Widersprüchen. Wollte man nun den in den psychologischen Schriften des Aristoteles dargestellten Sensualismus bis zu seinen äußersten Konsequenzen führen, so käme ebenfalls eine widerspruchsfreie Theorie heraus. Dann würden die Vorstellungsbilder, φαντασίαι, das potentielle Vermögen des Intellekts aktualisieren, d. h. sie würden sich im Intellekt aktualisieren. Dann aber wäre der Intellekt nur eine höhere Entwicklungsstufe der sinnlichen Vorstellungskraft, φανταστικόν. Folglich bestünde nach Aristoteles[1] nur ein Gradunterschied zwischen Wissen und Meinung. Bei den ἐπιστῆμαι ποιητικαί dachte Aristoteles an das konkrete Resultat des „Zustandebringens". Offenbar fiel es ihm nicht ein, daß auch das philosophische Denken, die θεωρία, etwas zustande bringt, z. B. das, was wir eine Theorie nennen. Vgl. DÜRING Aristoteles 453. – Wir bemerken den Ausdruck τὸ κυρίως ὂν ἀγαθόν (vgl. ἀγαθὰ κυρίως B 42) = τὸ καθ' αὑτὸ ὂν im Gegensatz zu dem zufällig Guten, τὸ κατὰ συμβεβηκός, vgl. De motu 6, 700 b 28 und SCHNEEWEISS a. a. O. 269.

B 10–17. Die Teleologie des Aristoteles wird meistens als bare Spekulation abgefertigt. In Wirklichkeit basiert seine Theorie auf Erfahrungstatsachen. Wie fast alle Fundamentalsätze der aristotelischen Philosophie hat auch dieser seinen Ursprung und seine Inspirationsquelle in Platons Denken[2]. Die Grundauffassung des Aristoteles kann man nach GC II 10 so zusammenfassen: „Entstehen und Vergehen ist ein ewiger Kreislauf, und für diese Kontinuität gibt es einen einwandfreien Grund, nämlich die Gesetzmäßigkeit der Natur und den Umstand, daß die Natur immer nach dem Besseren strebt." In seiner Teleologie treffen einige seiner Grundgedanken zusammen: die Gegenwart des Allgemeinen, des εἶδος, im Leben der schöpferischen Natur; die Ehrfurcht vor dem Kreislauf des gestirnten Himmels, der nach exakten, von unserem

[1] „Das Wissen braucht nicht anderes zu sein als die bloße Meinung, vorausgesetzt, daß diese fest begründet ist." Vgl. Top. VI 2, 139 b 33 ἀμετάπτωτος, An. Post. I 2, 72 b 3 und öfters ἀμετάπειστος, MM II 6, 1201 b 4–9 = EN VII 5, 1146 b 27–31 σφόδρα τῷ βέβαιον εἶναι καὶ ἀμετάπειστον, Platon Staatsmann 309c.

[2] M. GRENE, A portrait of Aristotle, London 1963, 58–62 erörtert förderlich den fundamentalen Unterschied zwischen Platons in der Diotimarede im Symposion niedergelegter Auffassung vom biologischen Kreislauf und derjenigen des Aristoteles in z. B. GC II 10.

Verstand erkennbaren und berechenbaren Gesetzen vor sich geht; die elementar ergreifende Schönheit[3] eines in seiner vollen Blüte stehenden Lebewesens, sei es Pflanze, Tier oder Mensch; die unumstößliche Tatsache, daß aus einem Samen ein Individuum von derselben Art entsteht wie dasjenige, das den Samen erzeugte. Sein oft wiederholtes Schlagwort lautet: „Ein Mensch zeugt einen Menschen", vgl. DÜRING Aristoteles 531. – (B 12) Ich möchte jetzt die Lesung τέλος αὐτῆς <καὶ> τὸ βέλτιστον vorziehen, vgl. Rhet. I 7, 1364 b 25, Phys. II 3, 195 a 24, Pol. I 2, 1253 a 1, EN VI 13, 1144 a 32. Prädikativ steht natürlich oft βέλτιστον oder ἄριστον, Top. VI 8, 146 b 10, Delta 2, 1013 b 26, EE I 8, 1218 b 10 und II 1, 1219 a 10. – καθ' ὅσον ἀπὸ τύχης. Ausführlicher darüber Phys. II 5, 197 a 5 ἡ τύχη αἰτία κατὰ συμβεβηκός und a 8 ἀόριστα τὰ αἴτια. Vgl. WIELAND a. a. O. 269. – (B 14) Dies ist der Kernpunkt der aristotelischen Teleologie, vgl. WIELAND a. a. O. 272. Wenn das menschliche Können (τέχνη), das an sich schon zweckmäßig vorgeht, die Natur nachahmt, dann muß die Ordnung in der Natur erst recht zweckmäßig sein. Der Philosoph, der hoch über den gewöhnlichen Handwerkern und Fachleuten steht, nimmt seine Vorbilder „von der Natur selbst", B 49. – (B 15) Vgl. W. THEILER Zur Gesch. der teleologischen Naturbetrachtung, Basel 1924, 100 und O. GIGON Komm. z. Xen. Mem. I, Basel 1953, 129. – (B 16) τιμιώτατα. Zum Unterschied von „preiswert", ἐπαινετός, bedeutet τίμιος bei Aristoteles „vollkommen" oder „göttlich", τέλειος, θεῖος, EN I 12. Die niederen Tiere sind ἄτιμα. In PA I 5, 645 a 15–20 bezeichnet er alles von der Natur Erschaffene als göttlich. Vgl. Xen. Mem. I 4, 14. – τὰ πολλὰ παρὰ φύσιν. Möglicherweise mit Bezug auf jemanden, der den „guten" Zweck der Natur in der Weise deutete, daß er alle Tiere als Schädlinge betrachtete. Vgl. EN VII 1, 1235 a 19 und DIRLMEIERS Kommentar dazu. Die von SCHNEEWEISS a. a. O. 140 vorgeschlagene Übersetzung „durch Schlechtigkeit und Verderbtheit" ist m. E. im Kontext unmöglich. – (B 17) ἐσμὲν ἕνεκα τοῦ φρονῆσαι καὶ μαθεῖν. Zu den Schlußworten in B 17 stimmen folgende Stellen: B 20 πρὸς τὸ γνῶναι καὶ θεωρῆσαι, B 85 ψυχῆς ἔργον τὸ διανοεῖσθαι καὶ λογίζεσθαι, φρονεῖν καὶ θεωρεῖν.

[3] PA I 5, 645 a 25: οὗ δ' ἕνεκα συνέστηκεν ἢ γέγονε τέλους τὴν τοῦ καλοῦ χώραν εἴληφεν, der Endzweck, um dessentwillen etwas besteht oder geworden ist, ist an die Stelle des Schönen getreten. Anders W. JAEGER Aristoteles 362. Vgl. [Hipp.] De victu I 11 = DIELS Vorsokr. 22 C 1, GA II 1, 731 b 25.

B 18–21. Umstritten. Gleich G. ZUNTZ PBA 42 (1956) 222–223 qetrachte ich das Pythagoras-dictum und das Anaxagoras-dictum, das auch EE I 5, 1216 a 11 zitiert wird, als zum Protreptikos gehörig. Anderer Meinung ist R. CADIOU A travers le Protrepticus de Iamblique, REG 63 (1950) 64, vgl. SCHNEEWEISS a. a. O. 99. – ἡ φύσις καὶ ὁ θεός, vgl. B 50 πρὸς τὴν φύσιν καὶ τὸ θεῖον, De caelo I 4, 271 a 33 ὁ θεὸς καὶ ἡ φύσις οὐδὲν μάτην ποιεῖ. Der Gott des Aristoteles war das Erste Bewegende, τὸ πρῶτον κινοῦν ἀκίνητον, und „das Göttliche umschließt die ganze Natur", Lambda 9, 1074 a 38– b 14, vgl. 7, 1072 b 29. Wie gewisse Autoren im Corp. Hipp. identifizierte er Gott mit dem Naturgeschehen, vgl. Eur. Troades 886. Sehr zu empfehlen ist die Darstellung von W. J. VERDENIUS, Traditional and personal elements in Aristotle's religion, Phronesis 5 (1960) 56–70. – (B 20) πότερον ὁ κόσμος ἔστιν ἤ τις ἑτέρα φύσις. Als Alternative stellt er hier einerseits das Studium der physikalischen Natur, d. h. die ionische und seine eigene Naturphilosophie, andererseits die eleatische Tradition, die in Platons Lehre von den Prinzipien des Seienden und den Ideen gipfelt. – (B 21) Möglicherweise fehlt etwas zwischen B 20 und B 21, was bedauerlich ist, denn B 21 deutet an, daß Aristoteles in einem nicht erhaltenen Abschnitt der Schrift etwas über die Verbindung zwischen moralischer und theoretischer Einsicht sagte[4]. Im Prinzip finde ich aber seine Stellungnahme klar. Vgl. folgende Stellen im Protreptikos: B 2 πράττειν τῶν δεόντων τι προαιρουμένους κωλύῃ, B 31 τῷ φιλοσοφεῖν ὑπάρχει τὰ ὠφέλιμα, B 39 ὅσα ἕλοιτο κατὰ τὴν ἐπιστήμην αἱρούμενος, B 41 ὅ τι μὴ κατὰ φρόνησιν ἐνεργήσασιν τελειοῦται, B 47 πρὸς οὓς κρινεῖ τί δίκαιον, B 49 μόνου τοῦ φιλοσόφου πράξεις ὀρθαί, B 51 παρέχει ἡμῖν τὸ δημιουργεῖν κατ' αὐτὴν (d. h. das theoretische Wissen) πάντα, ὅλως πάντα τὰ ἀγαθὰ διὰ τὴν αὐτὴν κτώμεθα, B 52 τὰ πρὸς τὸν βίον ὠφέλιμα ἐν τῷ πράττειν ἐστίν (vgl. Cicero De fin. II 13, 40 *sic hominem ad duas res, ut ait Aristoteles, ad intelligendum et ad agendum esse natum quasi mortalem deum)*, οὐδ' εὖ ζῶμεν τῷ γιγνώσκειν. . . ἀλλὰ τῷ πράττειν εὖ, φιλοσοφίαν πρᾶξιν εἶναι τῶν ἀγαθῶν, B 61 κελεύει – κωλύει, δεῖν ἢ μὴ δεῖν πράττειν. Der schwache Punkt ist dieser; das sehen wir auch EN VI 1: Die höchste Form der Erkenntnis ist Erkenntnis des Zieles und des Weswegen. Aber was garantiert, daß ὁ φρόνιμος, der mit der richtigen Geisteskraft Be-

[4] Vgl. J. D. MONAN, La connaissance morale dans le Protreptique d'Aristote, RPhL 58 (1960) 185–219. Vgl. den Kommentar zu B 51.

gabte, und der, der auf die Natur selbst (B 50) hinschaut, immer das Rechte findet?

B 22–30. Ob diese Texte aus dem Protreptikos exzerpiert sind, werden wir nie mit Sicherheit sagen können[5]. Man sieht leicht, daß diese Fragmente gewisse Gedanken, die in der Schrift an anderen Stellen ausführlicher entwickelt sind, andeuten, aber auch daß sie Gesichtspunkte, die sonst nicht in den erhaltenen Fragmenten vorkommen, bringen. Sie sind jedenfalls Exzerpte aus einer verlorenen Schrift des Aristoteles. Wir können den Text in drei Abschnitte teilen[6]. Der erste Abschnitt B 22–24 ist ganz aristotelisch, aber von Iamblichos teilweise umformuliert worden. – (B 23) πᾶσα φύσις ὥσπερ ἔχουσα λόγον bedeutet wahrscheinlich „besitzt Vernunft". Unzählige Male sagt Aristoteles ἡ φύσις ὀρέγεται, φεύγει, ζητεῖ oder sogar daß sie ὥσπερ οἰκοδόμος ἀγαθός handelt. Alle diese Metaphern sind Ausdrücke für das regelmäßige (ὡς ἐπὶ τὸ πολύ) Geschehen in der Natur. Dieser Begriff der Ordnung im Naturgeschehen ist bei Aristoteles ein zentraler Gedanke, vgl. WIELAND a. a. O. 271. – Nach dem Gedanken von der Ausrichtung der Natur auf Zwecke (B 23) kommt ziemlich unvermittelt ein Stück, das von der Teilung „Leib-Seele" handelt und die Seele in einen unvernünftigen und einen vernünftigen Teil gliedert und im νοῦς als dem obersten Ziel gipfelt. Der zweite Abschnitt (B 24–28) ist auf der wohlbekannten Unterscheidung τέλος – τὰ πρὸς τὸ τέλος (Gorgias 467d, bei Aristoteles zuerst Top. II 3, 110 b 18 und später stehendes Argument) gebaut. Die geistige Tätigkeit, die um ihrer selbst willen betrieben wird, hat den höchsten Wert. Unaristotelisch ist der Begriff κατάληψις B 27. Der dritte Abschnitt (B 28–30) ist von Iamblichos stark umformuliert worden. Zwei Gesichtspunkte: 1. Die Einteilung der Lebensfunktionen in θρεπτικόν αἰσθητικόν διανοητικόν. 2. νοῦς ist das göttliche Element im Menschen, traditionell mindestens seit Diog. Apoll. 64 A 19; Hauptstellen bei Platon Theait. 176 b, bei Aristoteles B 110 und EN X 7, 1177 b 28 – 1178 a 8. Was nach B 28 in Iamblichos folgt, ist nicht aus Aristoteles exzerpiert. FLASHAR a. a. O. 63 erklärt die Sachlage

[5] P. HARTLICH, De exhortationum a Graecis Romanisque scriptarum historia et indole, Leipz. Studien II (1889) 266, wies als erster darauf hin, daß dieses Stück aus dem aristotelischen Protreptikos exzerpiert sein könnte.

[6] Hier benutze ich die klugen Bemerkungen von H. FLASHAR a. a. O. 63.

folgendermaßen: „Wir haben also vor uns ein aristotelisches Substrat, das von einem stoisch beeinflußten Neuplatoniker ausgestaltet worden ist, und zwar offenbar nicht von Iamblichos selbst, da die neuplatonische Ausgestaltung ihrerseits Exzerptcharakter trägt." Er zitiert einige Stellen aus Porphyrios, um seine These zu stützen und meint, daß Iamblichos hier den Protreptikos indirekt durch Vermittlung des Porphyrios zitiert hat. Seine Argumentation hat mich nicht überzeugt. SCHNEEWEISS erörtert diesen Text a. a. O. 56–60. Er glaubt, daß Iamblichos eine neupythagoreisch-stoische Mittelquelle benutzt hat. – Eine interessante Parallele zu dem, was Aristoteles B 29 über die κατὰ φρόνησιν (sc. σοφίαι) sagt, finden wir in MM I 34, 1198 a 20 – b 20, gut kommentiert von DIRLMEIER MM 354–356. SCHNEEWEISS a. a. O. 307–313 erörtert förderlich den Phronesisbegriff in den aristotelischen Lehrschriften und a. a. O. 263–266 im Protreptikos.

B 31–37. Diesen Text erörtert E. de STRYCKER ausführlich und sehr förderlich in seinem Aufsatz On the first section of fr. 5 a of the Protrepticus[7], ferner H. FLASHAR a. a. O. 66–67. Der Ausdruck τὰ βελτίω τὴν φύσιν τῶν χειρόνων bezieht sich nicht auf eine moralische Wertschätzung, sondern auf das Prioritätsverhältnis, das Aristoteles und Platon mit dem συναναίρεσις-Argument (B 33) auszudrücken pflegen. Konkret meint er hier: a) Die einfachen Elemente in der Natur sind bekannter[8] und deutlicher als die uns scheinbar bekannteren mannigfachen Formen, in denen sie in der Erscheinungswelt auftreten. b) Die einfachen Buchstaben sind schlechthin bekannter (ἁπλῶς γνωριμώτερα) als Silben, Wörter usw; der Buchstabe steht in dieser Prioritätsskala höher, denn die Existenz der Buchstaben ist die Vorbedingung für die Existenz der Silben, Wörter usw. Die Exzerptenreihe, sagt FLASHAR, in der der Beweis geführt werden soll, daß philosophische Erkenntnis zu erwerben möglich, nützlich und relativ leicht ist, wird man

[7] Aristotle and Plato in the mid-fourth century, Papers of the Symposium Aristotelicum 1957, ed. by I. DÜRING and G. E. L. OWEN, Studia Graeca et Latina Gothoburgensia 11, Göteborg 1960, 76–104.

[8] Ein Kernsatz in der Philosophie des Aristoteles ist dieser: πέφυκε ἐκ τῶν γνωριμωτέρων ἡμῖν (= die konkreten Dinge in der Sinnenwelt) ἡ ὁδὸς καὶ σαφεστέρων ἐπὶ τὰ σαφέστερα τῇ φύσει καὶ γνωριμώτερα, vgl. Top. VI 4, 141 b 3–14. Meistens wird γνώριμον mit „erkennbar" übersetzt. W. WIELAND a. a. O. 69–75 führt den Nachweis, daß „bekannt" vorzuziehen ist.

schon deshalb dem aristotelischen Protreptikos zuerkennen, weil der Gedanke in sich protreptisch ist. – (B 33) τὰ ὡρισμένα, auch EN IX 9, 1170 a 20, My 3, 1078 a 36; der Terminus nicht in Platons Schriften, aber im Bericht des Hermodoros über Περὶ τἀγαθοῦ, Simpl. In Phys. 248,4. Begriffe wie „gut – übel" sind durch bestimmte Korrelation, wechselseitige Gegensätzlichkeit und durch den Mittelbegriff determiniert. τὸ ὡρισμένον ist zugleich das zwischen dem Mehr und dem Wenigerem begrenzten, das μέσον τῶν ἐσχάτων, vgl. H. J. KRÄMER, Arete bei Platon und Aristoteles, AHAW 1959, 323. Auch hier ist der Ordnungsbegriff (τάξις) das Zentrale. – (B 33) τὰ αἴτια oder αἱ αἰτίαι, meistens mit „Ursachen" übersetzt. Wenn Aristoteles von den vier αἴτια spricht, denkt er zugleich an Erkenntnisgründe und an den ontologischen Kausalzusammenhang. Es ist eine Thematisierung seiner Philosophie vom τέλος und eine heuristische Methode. Mit αἴτια versteht Aristoteles Antworten auf zwei verschiedene Fragen. Die Frage διὰ τί beantworten wir dadurch, daß wir den Grund angeben. „Zur Erkenntnis gelangen wir nicht aber, ehe wir für jeden Gegenstand seinen Grund erfaßt haben" (Phys. II 3, 194 b 19). Die andere Frage ist τὸ ἐξ οὗ, woraus besteht etwas? Diese Frage beantwortet man dadurch, daß man Stoff und Form angibt. „Die Buchstaben sind αἴτιον der Silben, die Elemente das αἴτιον der Körper usw." Die Form kann man dadurch bestimmen, daß man „die Definition, das Ganze oder die Zusammensetzung, die Gestalt angibt" (Phys. II 3, 195 a 20). So wie die Philosophie in der Akademie betrieben wurde, ist das Zusammenfallen von Logik Erkenntnistheorie und Ontologie eine natürliche Sache. Die vier αἴτια werden folgendermaßen dargestellt: a) „Das, woraus etwas entsteht, z. B. die Statue aus Bronze." b) „Die Form oder das Urbild (Phys. II 3, 194 b 26), d. h. die Erklärung dessen, was für das Ding oder sein Sein entscheidend ist; darunter verstehe ich sowohl die Gattung als die Glieder der Definition." c) „Der Anfang einer Wandlung (ὅθεν ἡ ἀρχὴ τῆς μεταβολῆς oder κινήσεως), z. B. der Ratgeber, der Vater für das Kind und überhaupt das, was etwas bewirkt." d) „Das Ziel oder das Weswegen, z. B. die Gesundheit für das Spazierengehen." Wie man sieht, ist nur das dritte αἴτιον eine „Ursache." Die beiden ersten sind die wohlbekannten ἀρχαί der Entstehung. Das vierte αἴτιον, das als ἀρχή und zugleich als τέλος erscheint, hat er schon im Dialog „Über die Philosophie" erörtert. Für Aristoteles war das Schema von den vier αἴτια ein Arbeitsinstrument des Naturforschers, ein Frageformular sozusagen, das er bei seinen Untersuchungen ständig verwendete. – (B 36) εἴτε πῦρ εἴτ' ἀήρ (wie einige der Vorsokratiker), εἴτ' ἀριθμός (wie die Pythagoreer), εἴτ' ἄλλαι τινὲς φύσεις (wie Platons Ideen); so auch Theta 8, 1050 b 34 εἴ τινες εἰσὶ φύσεις von den Ideen. Aristoteles erhärtet seine These durch diese Exemplifikation verschiedener Ansichten. Unter φύσεις versteht Aristoteles „etwas naturgemäß Existierendes".

B 38–42. Dieser Abschnitt richtet sich besonders gegen Isokrates, der in seiner Antidosisrede höflich aber bestimmt die akademische Erziehung kritisiert, z. B. Ant. 84–86 und 285. Er betonte stark τὸ χρήσιμον, das Nützliche, als Richtpunkt für die Erziehung der Jugend. Ohne Isokrates zu nennen, charakterisiert Platon dessen Erziehungsmethode mit dem Wort ἐντιθέναι, beibringen (Staat 518c), während er selbst eine totale περιστροφή (521c) oder μεταστροφὴ τῆς ψυχῆς (525c, 532b) forderte. – Zu B 39 vgl. Einleitung, Fußnote 10. – (B 39) „Richtpunkt"; ὅρος bedeutet hier eigentlich „Markstein". Es wäre verfehlt, ὅρος hier mit „Definition" wiederzugeben, vgl. B 47. ὁ φρόνιμος ist das Thema in EN VI 5. Die Belege für ὁ σπουδαῖος findet man bei DIRLMEIER Nik. Ethik 284. Vgl. G. E. R. LLOYD, The role of medical and biological analogies in Aristotle's ethics, Phronesis 13 (1968) 77. – „wenn er ... eine Wahl trifft". Vorausgesetzt ist also die προαίρεσις, die überlegte Wahl, vgl. DIRLMEIER Nik. Ethik 327. Der Terminus kommt nicht bei Platon vor, aber die Sache: so sagt Sokrates, Apol. 38e, πολὺ μᾶλλον αἱροῦμαι ὧδε ἀπολογησάμενος τεθνάναι ἢ ἐκείνως ζῆν. – Vgl. Top. III 1, 116 a 14, VI 6, 145 a 26 und DIRLMEIER EE 245 über die Parallele EE II 3, 1220 b 28 ὡς ἡ ἐπιστήμη κελεύει καὶ ὁ λόγος. (B 40) Es wäre bequemer, das Wort ὁ φρόνιμος aus Gründen der Konsequenz immer mit demselben Wort wiederzugeben. Wie SCHNEEWEISS a. a. O. 301–313 zeigt, ist die Wortgruppe φρονεῖν – φρόνησις – φρόνιμος mehrdeutig. Aristoteles spielt absichtlich mit dieser Mehrdeutigkeit. Vgl. DÜRING Protrepticus 203–206 und 275. – ἔργον. Dies ist wieder ein fundamentaler Gedanke des Aristoteles, den er von Platon übernommen hat. Das τέλος jedes Dinges ist τὸ ποιεῖν τὸ ἑαυτοῦ ἔργον, und ἅπαντα δ' ἐστὶν ὡρισμένα τῷ ἔργῳ (Meteor. IV 12, 390 a 10 = Pol. I 2, 1253 a 23). Also ist τὸ οἰκεῖον ἔργον = τὸ αὑτοῦ ἔργον.

B 43–45. Die philosophische Rhetorik in diesem Abschnitt ist offensichtlich. Der Zweck dieses παράδειγμα ist, die logische Argumentation in B 42 zu illustrieren. In B 44 spielt Aristoteles mit den zwei Bedeutungen von θεωρία, einerseits „philosophisches Nachdenken", andererseits „Zuschauen bei einem Schauspiel".

B 46–51. Der meist umstrittene Abschnitt des Protreptikos. In den Ausdrücken ἀπ' αὐτῆς τῆς φύσεως, ἀπ' αὐτῶν τῶν πρώτων, αὐτῶν τῶν ἀκριβῶν fand JAEGER a. a. O. 91 die Hauptstütze für seine Ansicht, Aristoteles stehe im Protreptikos auf dem Boden der platonischen Ideenlehre. ὅρους in B 47 hat dieselbe Bedeutung wie ὅρος in B 39[9]. Das Vorbild ist Platons Staatsmann 296e–297a. Ob Aristoteles dasselbe Thema in seinem gleichnamigen Dialog behandelte (wie FLASHAR a. a. O. 77 meint), wissen wir nicht. Platon spricht vom ὅρος ἀληθινώτατος ὀρθῆς πόλεως διοικήσεως und metaphorisch vom κυβερνήτης. Aristoteles geht von seinem Satz ἡ τέχνη μιμεῖται τὴν φύσιν aus, und was folgt ist eine eindrucksvolle rhetorische Steigerung. Im Unterschied zu den Vertretern der τέχναι, die die Natur nachahmen, empfängt der Staatsmann seine Vorbilder ἀπὸ τῆς φύσεως αὐτῆς, d. h. durch unmittelbare Anschauung der physikalischen Vorgänge in der Natur, ἀπ' αὐτῶν τῶν ἀκριβῶν, d. h. von den ersten Prinzipien (d. h. den Anfangspunkten des Denkens) selbst. τὰ πρῶτα (vgl. B 35) ist ein bei Aristoteles gewöhnlicher Ausdruck, definiert Top. I 1, 100 b 18. Auch der Ausdruck αὐτὸ τὸ δεῖνα ist sehr gewöhnlich, z. B. ἀπ' αὐτῆς τῆς ἀληθείας Phys. I 5, 188 b 29 und PA I 1, 642 a 19; αὐτὸ τὸ ἀγαθόν EE I 8, 1218 b 8 und Alpha 4, 985 a 10. Weitere Belege in DÜRING Protrepticus 217–218. Vgl. SCHNEEWEISS a. a. O. 296, FLASHAR a. a. O. 74, der auch auf weitere Literatur hinweist. – Die Vertreter der τέχναι müssen sich in zweiter oder dritter Instanz an die Abbilder halten; sie sind, wie Platon Staat 599d sagt, τρίτοι ἀπὸ τῆς ἀληθείας. Nur dem Philosophen steht es offen αὐτὸ ὃ ἔστιν ἕκαστον zu betrachten (Staat 476d, 507b). Aristoteles sagt, daß nur dem Philosophen stehe die μίμησις τῶν ἀκριβῶν offen (B 48). Im Ausdruck weicht er hier denkbar weit von Platon ab, denn nach Platon

[9] Vgl. DÜRING, Aristotle on ultimate principles from nature and reality, Aristotle and Plato in the mid-fourth century, Studia Graeca et Latina Gothoburgensia 11 (1960) 35–55. Vgl. auch K. v. FRITZ und E. KAPP, Constitution of Athens, New York 1950, 270 ff.; E. KAPP, Theorie und Praxis bei Aristoteles und Platon, Mn (1938) 179; R. STARK, Aristotelesstudien, Zetemata 8 (1958) 87.

ist der Sophist, aber keineswegs der Philosoph, ein μιμητὴς τῶν ὄντων (Soph. 235a). Und Staatsmann 274d heißt es, daß die τέχναι, die der Erhaltung des Menschen dienen, nach dem Vorbild des ganzen Kosmos (συμμιμούμενοι)[10] wirken. – (B 47) νόμος kann m. E. nicht richtig sein. FLASHAR a. a. O. 76 verteidigt aber die Lesung νόμος. Ob Aristoteles, wie ich meine, ὅρος ὁ μάλιστα κατὰ φύσιν κείμενος schrieb, ist dies nur eine stilistische Variante zum Ausdruck ὅρος ἀπὸ τῆς φύσεως αὐτῆς. Ich meine, daß B 49 die Lesung ὅρος bestätigt. Der Kernpunkt ist, daß ein Staatsmann im Besitz solcher ὅροι und als αὐτῶν θεατής Gesetze schreibt, die beständig sind, ein νόμος βέβαιος[11]. – (B 46) „über die Natur Bescheid wissen". Vgl. die bekannten Stellen Phaidros 270d und Charm. 156b–e, wo dieser Gedanke etwas anders entwickelt wird. Bei Aristoteles liegt das Hauptgewicht darauf, daß die Natur selbst dem Menschen eine Richtschnur für sein Handeln gibt; bei Platon darauf, daß der Arzt den Menschen und seine Natur als ein Ganzes betrachten und nicht nur den einen oder anderen Körperteil heilen soll. Das Wort φύσις hat an diesen Stellen bei Platon und Aristoteles einen verschiedenen Sinn. – (B 48) Wie ich in meinem Kommentar 220 und FLASHAR a. a. O. 76 sagen, hängt τοῦτο in der Luft. Der letzte Satz in B 47 ist wahrscheinlich von Iamblichos verkürzt worden. – (B 50) πρὸς τὴν φύσιν βλέπων. Der *locus classicus* ist natürlich Staat 500cd. Vgl. meinen Kommentar 222. – ἡ φύσις καὶ τὸ θεῖον, vgl. oben zu B 18 und meinen Kommentar 222. Das καί ist erklärend. – κυβερνήτης. Diese Metapher findet man in Vet. Medic. 9, und JAEGER Paideia III 24 behauptet, daß Aristoteles sie von der medizinischen Literatur zusammen mit anderen Metapheren und Analogien übernommen hat. H. DILLER, Hermes 80 (1952) 389–409 hat aber überzeugend nachgewiesen, daß die Vet. Medic. um 350 geschrieben worden ist, „zwischen dem späten Platon und Aristoteles". Zur Frage vgl. F. WEHRLI, Ethik und Medizin, MH 8 (1951) 36–62, W. JAEGER, Aristotle's use of medicine as model of methods in his ethics, JHS 77 (1957) 54–61. Weitere Literatur bei GAUTHIER-JOLIF, L'Éthique à Nicomaque, Louvain 1958, II 142. – Man muß mit VITELLI, JAEGER, EINARSON und CHROUST die Lesung ὁρμεῖ vorziehen. Unter den in

[10] Vielleicht der Ausgangspunkt für Aristoteles' Satz ἡ τέχνη μιμεῖται τὴν φύσιν.
[11] Vgl. DÜRING Protrepticus 219.

meinem Kommentar angeführten Texten gibt besonders Demosth. De cor. 281 den Schlüssel zum Verständnis der Metapher: ὁ δ' ἀφ' ὧν ἡ πόλις προορᾶται κίνδυνόν τιν' ἑαυτῇ, τούτους θεραπεύων οὐκ ἐπὶ τῆς αὐτῆς ὁρμεῖ τοῖς πολλοῖς (liegt nicht vor demselben Anker als das Volk). Vgl. auch Eur. Medea 770. Die rhetorische Klimax ζῇ καθ' ἑαυτόν ist eine wohl absichtlich zugespitzte Formulierung des Satzes (B 39) ὅρος oder κανὼν ὁ φρόνιμος. – (B 51) Nach der bekannten Lehre des Aristoteles ist der Mensch selbst Erzeuger seiner Handlungen (γεννητὴν τῶν πράξεων ὥσπερ καὶ τέκνων, EN III 7, 1113 b 18), Urheber des sittlichen wie des unsittlichen Lebens. Am Anfang des Handelns steht die Wahl, προαίρεσις. Die Zielsetzung ist Sache des theoretischen Wissens vom Guten. Auf diese Weise verbindet Aristoteles theoretische und moralische Erkenntnis.

B 52–57. B 52 stammt aus einer anderen Schrift des Iamblichos als die übrigen Fragmente, nämlich De comm. math. scientia 79, 15–80 Festa. Wie ich in meinem Kommentar sage, ist es unsicher ob wir berechtigt sind, diesen Text als ein Exzerpt aus dem Protreptikos zu betrachten. In der Sprache gibt es keine unaristotelischen Züge; inhaltlich fügt der Text gute Argumente hinzu, die zu B 51 passen. Schneeweiss a. a. O. 70 findet meine Einreihung dieses Textes wenig überzeugend, aber nimmt ihn jedoch 192 an anderer Stelle in seinen Text auf. Flashar a. a. O. 67 findet mit Recht eine sichere Entscheidung unmöglich. – Die Leichtigkeit der Philosophie (vgl. B 37) ist, wie die Belege in meinem Kommentar zeigen, in der Protreptik ein ständiges Thema mit werbender Tendenz und wird aus der Einfachheit ihrer Gegenstände abgeleitet. Die Schlußworte in B 56 bezeugen das fast unglaubliche Vertrauen des Aristoteles zu der Möglichkeit, zur Wahrheit hervorzudringen, das wir auch in den Lehrschriften finden[12]. Wieland a. a. O. 82 bemerkt richtig, daß „im Protreptikos die Philosophie auch mit Worten gepriesen wird, die dem Motiv der Leichtigkeit widersprechen (B 55, 103). Zu einer guten rhetorischen Argumentation gehört immer eine Mehrzahl sich gegenseitig nicht bedingender, ja sogar sich widersprechender Argumente". Vgl. Flashar a. a. O. 67 und 69 über θέοντας B 55; Schneeweiss a. a. O. 97 betrachtet den Abschnitt über die Leichtigkeit als einen „Fremdkörper". –

[12] Vgl. z. B. PA I 1, 642 a 18, Phys. I 5, 188 b 29 und Düring Aristoteles 22.

(B 55) Es gibt zwei Versionen von B 33–44 und B 54–57, teils im Protreptikos des Iamblichos (= Text A), teils in seiner Schrift De comm. math. scientia 81,3–83,5 FESTA (= Text B). M. E. ist Text B sekundär im Verhältnis zum Text A. In A sind gewisse Wörter und Begriffe im Kontext fest begründet, während in B dieselben Wörter einen verschiedenen Sinn haben oder ausgelassen sind, vgl. meinen Kommentar 227. Es gibt auch Anklänge in Proklos In prim. Eucl. elem. comm. 28,19–22 FRIEDLEIN. Meine Argumentation wird von SCHNEEWEISS a. a. O. 80 und 171 stark kritisiert, aber ich finde keinen Anlaß, meine Stellungnahme zu verändern.

B 58–77. Die Überleitungsformel habe ich aus den folgenden Fragmenten B 58–77 beispielshalber zusammengestellt. „Seine Aufgabe erfüllen" oder „sein Werk tun" ist ein platonischer Gedanke, z. B. Gorgias 503e ὥσπερ καὶ οἱ ἄλλοι πάντες δημιουργοὶ βλέποντες πρὸς τὸ αὑτῶν ἔργον = Staat 346e. Bei Aristoteles spielt dieser Gedanke eine große Rolle und wird auf die Natur, die οὐδὲν μάτην ποιεῖ, übertragen. Thema: τί τὸ ἔργον τῆς φρονήσεώς ἐστιν. Da das Exzerpt abrupt mit ἔτι τοίνυν beginnt, müssen wir schließen, daß der Übergang fehlt. a) B 59–61 führt zu der Schlußfolgerung, daß die Vernunft der herrschende Teil der Seele ist und entweder allein oder in erster Linie unser eigentliches Selbst ist. Die συμφωνία von πάθος und λόγος (B 60) nennt DIRLMEIER in seinem Kommentar zu MM II 7, 1206 a 36 – b 29, S. 412–419, die kopernikanische Wendung in der Ethik. Er neigt zu der Ansicht, Platon sei der Urheber dieses Gedankens; der Zusatz 1206 b 17 ὡς οἴονται οἱ ἄλλοι scheint mir eher anzudeuten, daß Aristoteles für diese Wendung in Richtung auf eine humanere Ethik verantwortlich ist, denn οἱ ἄλλοι schließt Sokrates und Platon ein. Als JAEGER, Über Ursprung und Kreislauf, SDAW 1928, 409 die Stelle in MM 1206 b 17 kommentierte, betrachtete er die MM als eine peripatetische Kompilation. Von diesem Blickwinkel her war es natürlich, daß er Aristoteles in οἱ ἄλλοι einbezog, denn „auch ihm gegenüber gilt der Vorwurf der Großen Ethik". Nach DIRLMEIERS gründlichem Kommentar scheint es mir als nachgewiesen, daß die MM in allem wesentlichen ein Werk des Aristoteles ist, obgleich in den dreißiger Jahren sprachlich etwas umgearbeitet, vgl. DÜRING, Gnomon 33 (1961) 547–557. – (B 60) οἰκεία ἀρετή und οἰκεῖον ἔργον. Vgl. B 40, B 65 und B 70. Die Philosophie hinter diesen Ausdrücken ist von

Platon formuliert, Staat 352a–353e. Förderlich über ἔργον ἀνθρώπου G. E. R. Lloyd, Phronesis 13 (1968) 72 und 82. Treffende Bemerkungen von Schneeweiss a. a. O. 262. – (B 61) βελτίονος φύσει βελτίων ἀρετή. Vgl. Pol. VII 1, 1323 b 13–21. Dies ist ein Kernsatz in der aristotelischen Philosophie vom τέλος. Die Stufenleiter der τέλη fällt mit der Wertskala zusammen. – (B 62) ἡμεῖς ἐσμεν τὸ μόριον τοῦτο, vgl. Eta 3, 1042 b 2 und Zeta 10, 1036 a 17. Dirlmeier erörtert diese Stelle in seinem Kommentar zu EN IX 8, 1168 b 35 – a 2, S. 553. Der Ausdruck ist platonisch, vgl. Staat 442c τῷ σμικρῷ μέρει und andere Stellen, die ich in meinem Kommentar 236 zitiere. Dirlmeier sagt: „Durch die Einschaltung von οἶμαι wird ausgedrückt, daß der Gedanke von Platon ist und daß Aristoteles ihn übernimmt, ohne an ihm zu deuteln." Wie seine Vorgänger, bleibt er uns aber den Beweis schuldig, denn an der angeführten Stelle, Staat 443d ὡς ἀληθῶς περὶ ἑαυτόν, spricht Platon von der Gerechtigkeit als von etwas für die Persönlichkeit Konstitutivem, und das ist doch etwas anderes. Der Zusatz ὡς οἶμαι deutet eher an, daß Aristoteles seine persönliche Ansicht vorträgt. – (B 67) τὸ γνωστικὸν μέρος καὶ χωρὶς καὶ συγκείμενον. Dies ist eine interessante Stelle, gut kommentiert von J. Léonard, Le bonheur chez Aristote, Ac. Belge Cl. des Lettres Mém. 44:1 (1948) app. III. Der Ausdruck τὸ γνωστικὸν μέρος ist ein Reminiszenz von Staatsmann 258–260; im Corp. Arist. ist der Ausdruck nicht belegt; hier im Protreptikos ist der Ausdruck offensichtlich synonym mit νοῦς. Vgl. meinen Kommentar 240. – (B 69) ἐπιστήμη ποιητική, ein produktives Wissen. Die aristotelische Einteilung der ἐπιστῆμαι in θεωρητικαί und ποιητικαί (die πρακτικαί sind selbstverständlich und spielen bei ihm keine Rolle) hat Anlaß zu vielen Mißverständnissen gegeben. Vgl. oben zu B 9 und PA I 1, 640 a 3: für die θεωρητικαί ist ἡ ἀρχὴ τὸ ὄν, für die ποιητικαί aber τὸ ἐσόμενον. Aristoteles redet zuweilen, als ob die Theoria ein passives Schauen wäre, was nicht der Fall ist. Das philosophische Leben ist nach seinen eigenen Worten[13] immerwährende ἐνέργεια (vgl. z. B. EN X 7, 1204 b 25–32) und, wie Dirlmeier Nik. Ethik 590 sagt, kein Quieszieren. Der Verkünder dieses Lebensideals war selbst ein gewaltiger Arbeiter. Für ihn war βίος θεωρητικός das Gelehrtenleben, nicht, wie einmal Jaeger und heute Gauthier[14] versichern,

[13] Vgl. Düring Aristoteles 472.

[14] In seiner gelehrten Übersicht über die Frage von La contemplation, a. a. O. III 848–866.

ein Leben der Kontemplation gewidmet. – οὐδὲν δὲ βέλτιον εἶναι φρονήσεως. Offenbar unterdrückt Aristoteles hier den ihm sonst wohlbekannten Unterschied zwischen Erkennen und Erkenntnis, vgl. Phys. III 1, 201 a 16–19. Man muß hier φρόνησις mit „philosophischem Leben" übersetzen, denn sonst wäre die rhetorische Schlußfolgerung, dies sei auch das ἔργον ἀρετῆς καὶ εὐδαιμονίας, ganz ungereimt. – Die Exzerpte B 70–77 enthalten eine zusammenhängende Argumentation, obgleich Iamblichos wahrscheinlich einiges geändert oder gestrichen hat[15]. Ich habe eine Umstellung der Iamblichosexzerpte vorgenommen, so daß in meinem Text B 71 vor B 72 gestellt wird. Die Übereinstimmung zwischen B 71 δῆλον ὅτι und Pol. VII 1, 1323 b 13–16 ist bemerkenswert. – (B 72) JAEGER a. a. O. 69 vergleicht dieses Exzerpt mit Alpha 1, 980 a 21–28 und bemerkt, daß „der berühmte Eingang der Metaphysik im wesentlichen nur eine verkürzte Wiedergabe der klassischen Darstellung im Protreptikos ist". Ich möchte vorziehen, die beiden Texte als Parallelfassungen zu betrachten[16]. – (B 74) Vgl. PA III 4, 666 a 35 τὸ ζῷον αἰσθήσει ὥρισται. – (B 75) Die Definition von αἴσθησις als ψυχῆς ἄλογος δύναμις γνωριστική steht in Def. 414c, fehlt aber im Corp. Arist. Es ist wahrscheinlich, daß Aristoteles hier eine in der Akademie geläufige Definition gebraucht. – (B 76) αἴσθησις γνῶσίς τις, vgl. B 24 und Staat 532a. – (B 77) πάλαι weist auf B 66 hin. Nach SCHNEEWEISS a. a. O. 88 bezieht sich der Ausdruck πάλαι δ' εἴπομεν auf den Ausgangspunkt der Beweisführung in B 71. – (B 77) πάντες ἄνθρωποι – διώκουσι. Ein Kernsatz im Protreptikos. Ausgangspunkt Euthyd. 278c–282a. In seinem Kommentar zu MM I 3, 1183 a 3–14, S. 192 erörtert DIRLMEIER die Übereinstimmung in der Argumentation.

B 79–87. Als erster gebraucht Aristoteles das Wort ἐνέργεια; es fehlt z. B. im Corp. Hipp. Wir können die Entwicklung des Begriffspaars κατὰ δύναμιν – κατ' ἐνέργειαν ziemlich gut verfolgen. Im Euthydemos werden κτῆσις – χρῆσις einander gegenübergestellt, im Theaitetos ἔχειν – κεκτῆσθαι 197 b und 199 a. Das Ziel der Argumentation ist aber nicht dasselbe in Platon und Aristoteles. a) Dem Begriffspaar κτῆσις – χρῆσις oder ἔχειν – χρῆσθαι begegnen wir zuerst Top. V 2, 129 b 34, im Protreptikos B 53, B 79 und B 81,

[15] Vgl. S. MANSION, Contemplation and action in Aristotle's Protrepticus, Studia Graeca et Latina Gothoburgensia 11 (1960) 62.

[16] Vgl. DÜRING Aristoteles 260.

die Variante ἔχειν – ἐνεργεῖν B 83. b) ἕξις – ἔργον, oft mit der Metapher καθεύδων – ἐγρηγορώς illustriert, am konsequentesten in EE II 1, 1219 a 9–38 ausgeführt. c) δύναμις – ἐνέργεια zuerst Top. IV 4, 124 a 32 und hier B 79. d) Die spezifisch aristotelische Theorie, in der δύναμις das Nicht-sein, aus der sich ein Hier-und-jetzt-Sein entwickeln kann, erwähnt er schon in Phys. I 8 und beschreibt sie am ausführlichsten in der verhältnismäßig späten Schrift Theta der Metaphysik 6–9. – (B 80) τῷ αἰσθάνεσθαι τὸ ζῆν διακρίνομεν, vgl. oben zu B 74, JAEGER a. a. O. 269. – (B 81–82) In B 81 formuliert Aristoteles die Grundlage der Theorie von δύναμις – ἐνέργεια, vgl. Theta 9, 1051 a 4 ὅτι δὲ καὶ βελτίων καὶ τιμιωτέρα τῆς σπουδαίας δυνάμεως ἐκ τούτων δῆλον. Exemplifiziert mit ποιεῖν – πάσχειν De an. III 5, 430 a 18 ἀεὶ γὰρ τιμιώτερον τὸ ποιοῦν τοῦ πάσχοντος, vgl. HICKS ad loc. Den Gedanken hinter dieser Argumentation findet man in Philebos 53b: σμικρὸν ἄρα καθαρὸν λευκὸν μεμιγμένου πολλοῦ λευκοῦ λευκότερον ἅμα καὶ κάλλιον καὶ ἀληθέστερον. Wenn Aristoteles Fragen von Mehrdeutigkeit eines Wortes erörtert, gebraucht er häufig „Weißheit" als stehendes Beispiel. – (B 82) οὐχ ᾗ ἐστι = καθ' αὑτὸ καὶ ᾗ αὑτὸ ταὐτόν An. post. I 4, 73 b 28. Ich kenne aus dem Altertum nur einen Verfasser, der gleich Aristoteles ohne Rücksicht auf das Fassungsvermögen der Zuhörer in einer im allgemeinen leichtfaßlichen und rhetorisch stilisierten Darstellung plötzlich in eine ganz andersartige, spinöse Argumentation umschlägt, nämlich Paulus. Wahrscheinlich diktierte Aristoteles wie Paulus seinen λόγος προτρεπτικός aus dem Stegreif. – In B 82 begnügt er sich damit, darauf hinzuweisen, daß μᾶλλον zweierlei bedeuten kann: a) Quantität, b) Priorität, vgl. EE I 8, 1218 a 1–15. Die Grundlage der Unterscheidung ist dasselbe συναναίρεσις-Argument wie in B 33. Aristoteles bezieht sich auf den akademischen Begriff der „natürlichen Priorität", κατὰ φύσιν oder κατ' οὐσίαν, der nach Delta 11, 1019 a 11–12 die grundlegende Priorität ist. Die axiologische Betrachtungsweise in dieser semantischen Analyse erscheint uns absonderlich, hat aber ihre Erklärung in zeitgenössischen Spekulationen. Rhet. I 7 ist eine Spezialabhandlung über das μᾶλλον – ἧττον Motiv. Zugrunde liegen wohl eine hierarchische Seinsordnung und die Vorstellung von der Überlegenheit des Seins gegenüber dem Scheinen. In Rhet. I 7 beschreibt Aristoteles, wie man aus der Topik des μᾶλλον – ἧττον Argumente holen kann ἐν τῷ προτρέπειν καὶ ἀποτρέπειν; in Beispielen und Formulierungen finden wir zahlreiche Berührungspunkte mit dem Protreptikos; man kann sehen, wie Aristoteles das μᾶλλον – ἧττον Motiv auf alle mögliche Bereiche überträgt. – (B 83–84) ψυχῇ ζῶμεν ist zwar eine Tautologie, aber mit Platons Auslegung vom ἔργον τῆς ψυχῆς eine tiefgründige Philosophie, Staat 352d – 354a. Vgl. DIRLMEIER Nik. Ethik 278, Magna Mor. 199. Ähnliche Gedanken in MM I 4, 1184 b 22–85 a 1, EE II 1, 1219 a 23–35 und EN I 7, 1098 a 7–17. Die χρῆσις ψυχῆς ist im Protreptikos oft mit θεωρία τῶν ὄντων identifiziert, denn dies ist die κυριωτάτη πασῶν χρήσεων (B 66, B 91). Dies ist in vollständiger Übereinstimmung mit seiner Philosophie vom τέλος: in der Welt des Denkens gibt es auch eine Hierarchie: αἰθύγματα (*igniculi* sagt Cicero Tusc. III 1,2) in einigen klugen Tieren, ein wachsendes Denkvermögen beim Kind, Sklaven, Weib und dem erwachsenen ἐλεύθερος ἀνήρ in immer erhöhtem Grad; ein Mann erreicht den θριγκός, wenn er ein selbstloser, nicht am bloßen Nutzen strebender Philosoph geworden ist. Ähnliche Argumentation über die verschiedenen Niveaus der moralischen Trefflichkeit bei Sklaven, freien Männern, Untertanen und Herrschern in Pol. I 13. – ἐκείνως. Denn πρότερον ἡ ἐνέργεια καὶ δυνάμεως καὶ πάσης ἀρχῆς μεταβλητικῆς, Theta 8, 1051 a 2; dies ist eine späte Schrift, aber in diesem Punkt ist seine Ansicht immer dieselbe geblieben. – „Wenn ein Aulet einen Doppelaulos spielt". So weit ist der Text unzweideutig; vgl. B 65, wo mit Rücksicht auf das ἔργον ἑκάστου dieselbe Argumentation vorgetragen wird. In ἤτοι – μάλιστα gehört μόνον ἢ μάλιστα zu χρῆταί τις (= ἐνεργεῖ). Den nächsten Satz erörtert W. J. VERDENIUS, Mn 15 (1962) 395. Er deutet ἐπὶ τούτῳ als „penes auletam" und faßt τὸ τῶν ἄλλων als „den Gebrauch der anderen Instrumente". Ich halte es für wahrscheinlicher, daß der Satz korrupt ist; wir erwarten ἴσως γὰρ τοῦτο καὶ ἐπὶ τῶν ἄλλων (sc. συμβαίνει). Ähnliche Brachylogie An. post. II 19, 100 b 3 καὶ ἐν τούτῳ ὡσαύτως. Vgl. EN I 7, 1098 a 11: „Werk des Kitharaspielers ist das Spielen des Instruments; Werk des hervorragenden Künstlers das hervorragende Spiel." Der Kernpunkt in B 84 ist, daß es eine Wertskala von ἐνέργειαι gibt. – (B 85) Mit der Position „τό γε τελέως ζῆν" „das Leben derer, die philosophische Erkenntnis besitzen" erreicht Aristoteles den Gipfel seiner Argumentation und verbleibt von hier an darauf. Für Platon sind τὰ μάλιστα ὄντα die Ideen. Woran Aristoteles hier und in B 91 denkt, hat er in B 33 gesagt, mit

Parallelen überall im Corpus. Es ist möglich, daß Cic. De fin. II 13, 40 *sic hominem ad duas res, ut ait Aristoteles, ad intelligendum et ad agendum esse natum quasi mortalem deum*, von der Argumentation im Protreptikos inspiriert ist.

B 87–92. Der Gedanke, daß alles Körperliche, alles was man hört und sieht, Schmerz und Lust usw. ἐμποδίζει τὴν τοῦ ὄντος θήραν, ist platonisch, besonders eindrucksvoll in Phaidon 65c–66c entwickelt. Aristoteles gebraucht ἀκώλυτος und ἀνεμπόδιστος (EN VII 13, 1153 a 15), um die von äußeren Störungen ungehinderte Entfaltung des glücklichen Lebens zu bezeichnen. Die Definition der εὐδαιμονία bei Areios (Stob. II 18, S. 130 WACHSMUTH) χρῆσις ἀρετῆς ἐν τοῖς κατὰ φύσιν ἀνεμπόδιστος geht wohl letzter Hand auf Aristoteles zurück. – Manche Gelehrte vertreten den Standpunkt, daß Aristoteles im Protreptikos Antihedonist sei. Ob wir B 87–92 als Ausdruck der Ansicht des Aristoteles über ἡδονή anerkennen, müssen wir seine Ansicht über ἡδονή eher als einen noblen Hedonismus anerkennen. Die Argumentation führt schrittweise zu dem Satz in B 77, den ich als Gipfelpunkt charakterisiert habe. In B 11–21 haben wir eine kurze Beschreibung der Stufenleiter der Natur, wie immer bei Aristoteles vereint mit einer Wertskala. In B 22–30 erfahren wir, daß αὐτὸ ψιλὸν τὸ θεωρεῖν die höchste Form des Denkens ist. Nachdem er nachgewiesen hat, daß solches Denken, auch wenn es scheinbar keinen praktischen Nutzen ergibt, eine unumgängliche Voraussetzung für moralisches Handeln ist (B 58–69), behauptet er, daß solche Aktivität auch Freude hervorbringt (besonders in B 56 und B 91). In B 77 sagt er triumphierend πάντες ἄνθρωποι τὸ φρονεῖν μάλιστα διώκουσι. Wir bemerken die fast identische Formulierung EN VII 14, 1153 b 30 „alle streben nach Lust". Die Übereinstimmung im Gedankengang zwischen EN VII 14, 1153 b 7–12 und B 87 ist ebenfalls offensichtlich. Die Frage, ob Aristoteles seine Ansicht über ἡδονή schrittweise verändert hat,[17] ist umstritten. Da Aristoteles die ἡδονή aus mehreren verschiedenen Blickwinkeln diskutiert, gibt er eine Menge verschiedener Erklärungen, die sowohl antiken als auch neuzeitlichen Gelehrten Kopfzerbrechen gemacht haben. Manche Gelehrten

[17] Wertvoll ist die Erörterung der Frage von Ph. MERLAN, Studies in Epicurus and Aristotle, Klassisch-Philologische Studien 22, 1960. Er erörtert u. a. 14–15 die Schwierigkeit, ἡδονή eindeutig zu übersetzen.

meinen wie Jaeger, daß Aristoteles nach Platons Tod seine Ansicht über ἡδονή änderte[18]. Unsere erhaltenen Texte bezeugen aber, daß Aristoteles immer mit Eudoxos der Ansicht war, die ἡδονή sei ein positives Gut. Die Texte bezeugen auch, daß er nach und nach versuchte, die Ansicht des Eudoxos, die ἡδονή sei ein natürliches oder biologisches Gut, mit seinem eigenen idealistischen Glauben an eine Hierarchie der ἡδοναί in Einklang zu bringen. Der Protreptikos ist keine aporetische Abhandlung und am allerwenigsten eine systematische Erörterung über die Natur der ἡδονή. Was er in B 87–92 über die ἡδονή sagt, können wir folgendermaßen zusammenfassen: es gibt üble Dinge, die als ἡδοναί bezeichnet werden; es gibt aber auch wahre und gute ἡδοναί; die vollendetste Form des Lebens wird daher auch die vollkommene ἡδονή einbegreifen; der Wache lebt in höherem Grad als der Schlafende, der denkende Mensch in höherem Grad als der Gedankenlose; die Freude, die dem philosophischen Denken entspringt, ist die wahre Freude des Lebens. Der letzte Satz in B 91 ist nicht nur sehr schön formuliert, sondern drückt einen Grundgedanken im Denken des Aristoteles aus.

B 93–96. Von Iamblichos stark verkürzter Abschnitt über die εὐδαιμονία. ἄνωθεν metaphorisch wie EN VI 13, 1144 a 12, GA II 1, 731 b 23 „wir müssen etwas weiter ausholen", nämlich von Ausgangspunkten (ἀρχαί), die von höherer Priorität sind[19]. – τῆς ὅλης εὐδαιμονίας, vgl. τὸ πρὸς τὸ εὖ ζῆν ὅλως EN (= EE) VI 5, 1140 a 28. – τὰ ἀναγκαῖα (= EN VII 6, 1147 b 23–30), ὧν ἄνευ das Leben nicht glücklich werden kann; vgl. B 42. – Pol. VII 1, 1323 a 23 χρηστέον αὐτοῖς und EE I 13, 1102 a 27[20]. Die Ähnlichkeit in der Argumentation zwischen diesen Stellen und B 93–95 ist ein Anzeichen dafür, daß Aristoteles das, was er im Protreptikos gesagt hat, hier weiter entwickelt. Es handelt sich aber nicht, wie einige Gelehrten meinen, um wörtliche Zitate. Vgl. meinen Kom-

[18] Die drei wichtigsten Texte – außer Protreptikos – sind MM II 7, EN (= EE) VII 13–15 und X 1–5. Ferner Rhet. I 11, Lambda 7 und zufällige, aber wichtige Bemerkungen Phys. VII 3, 247 a 14–18 (früh) und De an. III 7, 431 a 10–11 (spät).

[19] Vgl. Flashar a. a. O. 71.

[20] J. Bernays, Die Dialoge des Aristoteles, Berlin 1863, 74–85; Jaeger a. a. O. 276–280; E. Bignone, L'Aristotele perduto, Firenze 1936 I 296 und Importanti conferme all'Aristotele perduto, G&R 1937, 217–234.

mentar 254–256. – Unmittelbar nach B 96 folgt in Iamblichos folgender Text: Ἀλλ' ἐνταῦθα μὲν διὰ τὸ παρὰ φύσιν ἴσως εἶναι τὸ γένος ἡμῶν χαλεπὸν τὸ μανθάνειν τι καὶ σκοπεῖν ἐστι, καὶ μόλις <ἂν> αἰσθάνοιτο διὰ τὴν ἀφυΐαν καὶ τὴν παρὰ φύσιν ζωήν· ἂν δέ ποτε δυνηθῶμεν σωθῆναι πάλιν ὅθεν ἐληλύθαμεν, δῆλον ὡς ἥδιον καὶ ῥᾷον αὐτὸ ποιήσομεν πάντες. JAEGER a. a. O. 101, Fußnote 1, betrachtete diesen Text als ein „unverkennbar echtes" Exzerpt aus dem Protreptikos. Der Text wurde daher von WALZER und ROSS als Schluß des fr. 15 aufgenommen. SCHNEEWEISS nimmt es in seinen Text a. a. O. 223 auf und motiviert dies 147–149. M. E. hat Iamblichos selbst diesen Satz formuliert und zwar aufgrund von Reminiszenzen aus Phaidon. τὸ γένος ἡμῶν παρὰ φύσιν ἐστί kann weder Platon noch Aristoteles geschrieben haben, aber Platon sagt 62b ἔν τινι φρουρᾷ ἐσμεν und 65b ὅταν μετὰ τοῦ σώματος ἐπιχειρῇ τὸ σκοπεῖν ἐξαπατᾶται. Der letzte Teil des Satzes kann von 64a inspiriert worden sein, vgl. meinen Kommentar 257. –

B 97–103. Die Argumentation ist typisch für die Denkweise des Aristoteles; er hat zuerst das *argumentum e consensu omnium* theoretisch begründet und als Beweismittel benutzt. Darüber K. OEHLER, Der Consensus omnium als Kriterium der Wahrheit in der antiken Philosophie und der Patristik, Antike u. Abendland 10 (1961) 103–129. – Die Hauptargumente: a) Ein Leben ohne Denkfähigkeit ist wertlos. b) Im Vergleich mit dem Denkvermögen und der Fähigkeit zu philosophieren sind alle übrigen Dinge nichts wert. c) Das Schlafen ist zwar angenehm, aber keineswegs dem Wachsein (d. h. dem aktiven Denken) vorzuziehen. d) Wir lieben das Bekannte und Einleuchtende; daher lieben wir das Erkennen und das Denken. e) Mithin ist das Denkvermögen eine notwendige Voraussetzung für ein glückliches und vollkommenes Leben. – (B 98) σοφία – ἀμαθία sagt Platon Euthyd. 281e. Das Argument ἐξ ἐναντίων kommt bei Platon und Aristoteles regelmäßig vor. Man sieht, wie sorgfältig Aristoteles hier das ganze, aus der Topik wohlbekannte Arsenal[21] von Argumenten für seinen Zweck mobilisiert. Ganz richtig sagt S. MANSION:[22] „the Protrepticus is an attempt, whose search for accuracy can only be admired, to drive

[21] Vgl. I. DÜRING, Aristotle's use of examples in the Topics, Aristotle on Dialectic. The Topics, Proc. of the Third Symp. Aristotelicum, Oxford 1968, 202–229.

[22] In dem oben Fußnote 15 angeführten Aufsatz 68.

intellectualism to its ultimate consequences". Daß die meisten Argumente Scheinbeweise und Tautologien sind, ist eine andere Sache. – (B 101) Wenn Platon die Wahrhaftigkeit der Träume erörtert, Staat 571–572, räumt er ein, daß ein σώφρων ἀνήρ in seinen Träumen nahe der Wahrheit kommen kann καὶ ἥκιστα παράνομοι τότε αἱ ὄψεις φαντάζονται τῶν ἐνυπνίων. In B 101 und Delta 29, 1024 b 23 verneint Aristoteles rundweg, daß Träume einen Wahrheitsgehalt haben, obgleich sie eine Art von αἴσθησις repräsentieren. Er äußert sich etwas vorsichtiger De insomn. 462 b 12 οὔτε καταφρονῆσαι ῥᾴδιον οὔτε πεισθῆναι, vgl. Herod. VII 16 πεπλανῆσθαι μάλιστα εἰώθασι αἱ ὄψεις τῶν ὀνειράτων und De victu IV = De insomn. II 2 Kühn τὰ μὲν τυγχάνουσι τὰ δ' ἁμαρτάνουσι καὶ οὐδέτερα τούτων γινώσκουσι. – (B 102) φεύγει – διώκει. Vorbild wahrscheinlich Platons Ansicht, daß die Idee des Guten Licht über die Dinge der Sinnenwelt verbreitet, Staat 509a. Die Metapher νοῦς – φῶς – ὄψις Rhet. III 10, 1411 b 12, Top. I 17, 108 a 11, EN I 4, 1096 b 29. Vgl. Timaios 90b über φιλομαθία. – οὐ τῆς αὐτῆς δεόμεθα. Das Wort φρόνησις kann zweierlei bedeuten: teils praktische Lebensklugheit, teils philosophische Einsicht, ἥτις γνώσεται τὴν ἀλήθειαν. „Hier meldet sich die Unterscheidung, welche die Nikomachische Ethik durch die Differenzierung von σοφία und φρόνησις ausdrückt, schon an, aber der Bedeutungswandel von Phronesis ist eben noch nicht vollzogen", sagt E. Kapp in seiner Dissertation 1912, Das Verhältnis der Eud. zur Nik. Ethik 50. Dies ist kaum richtig. Richtig bemerkt Schneeweiss a. a. O. 263, daß der Begriff φρόνησις im Protreptikos nicht eindeutig ist und keineswegs schlechthin als Zeichen einer noch „platonischen Einheit von Lebensführung und theoretischem Erkennen" verstanden werden kann, wie Jaeger a. a. O. 82 meinte und darauf seine Interpretation des Protreptikos gründete.

B 104–110. Der Abschnitt B 104–110 ist von Phaidon 64a–70b inspiriert[23], wo der Gedankengang der folgende ist: „Zu philosophieren bedeutet, daß man die Seele vom Körperlichen befreit. Es ist wahr, daß der gemeine Mann der Ansicht ist, das Leben sei wertlos (οὐκ ἄξιον εἶναι ζῆν 65a) ohne Sinnenlust. Diese Lust ist aber wertlos; der Geist denkt am klarsten, wenn er nach dem Seienden strebt (ὀρέγεται τοῦ ὄντος). Indem er mit dem reinen Denken (εἰλικρινεῖ διανοίᾳ 66a) nach der wahren Natur der Dinge

[23] Einstimmend H. Flashar a. a. O. 70–71.

sucht, erreicht der Philosoph φρόνησιν καὶ ἀλήθειαν. Zur wahren Erkenntnis des wirklich Seienden kann er jedoch nicht vordringen, solange seine Seele mit seinem üblen Leibe zusammengeworfen ist (ξυμπεφυρμένη μετὰ τούτου τοῦ κακοῦ 66b). Wir sollten daher danach streben, die Seele vom Leibe zu befreien (χωρίζειν ἀπὸ τοῦ σώματος 67c), damit sie sich auf die innere Aktivität konzentrieren könne, frei von den Fesseln des Leibes (δεσμῶν). Wenn du die gemeinen Leute betrachtest, findest du, daß all ihr Streben absurd ist, im günstigen Falle ein Kompromiß, um gewisses Übel zu meiden. Sie leben in ständiger Angst und begreifen nicht, daß allein die φρόνησις das echte Geld (69a) ist, für das wir uns die Trefflichkeit der Seele kaufen können. Ein Leben ohne φρόνησις ist nichts als eine σκιαγραφία (69b) und ist ἀνδραποδῶδες." Die formalen Berührungen sind offensichtlich. „Die menschlichen Werte erscheinen nur so wegen der menschlichen Schwäche, sie sind in Wahrheit voll von unbeschreiblichem Unsinn", FLASHAR a. a. O. 70. Man sieht aber sofort, daß die Darstellung des Aristoteles keineswegs bloß eine Nachbildung ist. Die Schlußfolgerung ist bei Aristoteles eine ganz andere, im Grunde dieselbe wie die des Sokrates in der Apologie. Platon dagegen sagt, 66d: „Wenn es also unmöglich ist, wahre Erkenntnis zu erreichen solange die Seele mit dem Leib verbunden ist, so stehen nur zwei Möglichkeiten offen: entweder ist es überhaupt unmöglich für einen Menschen, wahre Erkenntnis zu erwerben, oder es wäre vielleicht möglich nach dem gegenwärtigen Leben." – (B 104) Worauf bezieht sich τὸ αὐτό? Wenn nicht etwas hier fehlt, muß es sich wohl auf σπουδάζειν ὅπως κτήσηται φρόνησιν beziehen. – † κάλλος τε παρά †. Der Text ist hier in Unordnung, aber Boethius De consol. 8,8 (DÜRING, Protrepticus 143) las auch *igitur te pulchrum videri non tua natura sed oculorum spectantium reddit infirmitas*. Ich möchte μόνως γάρ lesen, ein bei Aristoteles gewöhnlicher Ausdruck, z. B. Top. VI 4, 142 a 8, Phys. VIII 5, 258 a 2, De caelo II 7, 289 b 33. FLASHAR a. a. O. 70, Fußnote 55, scheint κάλλος vorzuziehen. – (B 105) Daß bei Aristoteles an dieser Stelle Alkibiades erwähnt war, ist durch Boethius mindestens wahrscheinlich. So meinen auch SCHNEEWEISS a. a. O. 223 und FLASHAR a. a. O. 70. Mittelquelle für Boethius war wahrscheinlich Ciceros Hortensius. – (B 105) In Ep. VII, die zu derselben Zeit als der Protreptikos geschrieben wurde, gebraucht Platon den Lynkeus-Topos in einem Zusammenhang, in dem er von denjenigen spricht, die unfähig sind, die Philosophie zu verstehen, 344a οὐδ' ἂν ὁ Λυγκεὺς ἰδεῖν ποιήσειεν τοὺς τοιούτους. – ἐξ οἵων κακῶν. „In [Eudemos und Protreptikos] ist Aristoteles von dem gleichen Pessimismus gegenüber der irdischen Welt und den zeitlichen Gütern erfüllt", JAEGER a. a. O. 100. Dieser Gedanke ist besonders von BIGNONE und seinen Schülern[24] weiter entwickelt worden: „il pessimismo mistico di Platone e del primo Aristotele." Obgleich diese Ansicht in den meisten Darstellungen vom Denken des Aristoteles fast schlagwortartig wiederkehrt, ist sie völlig verkehrt. Es ist wohl zu vermuten, daß die Philosophen, ebenso wie wir ordinäre Menschen, finden, daß *sub specie aeternitatis* das meiste, was in unserem täglichen Leben vor sich geht, wertlos ist. Niemand würde wohl den Verfasser der Abhandlung Περὶ διαίτης als einen Pessimisten charakterisieren, weil er I 646 ff. KÜHN einen inhaltsreichen Katalog der menschlichen Schwächen vorträgt. Aristoteles wußte sehr wohl, daß ἡ πονηρία τῶν ἀνθρώπων ἄπληστον ist (Pol. II 7, 1207 b 1), daß ὡς ἐπὶ τὸ πολὺ ἀδικοῦσιν οἱ ἄνθρωποι ὅταν δύνωνται (Rhet. II 5, 1382 b 9). Er ist aber in allem Wesentlichen ein Optimist. Was Aristoteles hier sagen will, habe ich in der Einleitung, Fußnote 29, zusammengefaßt. Wenn man die Exzerpte B 104–107 als Beleg für die pessimistische Gesinnung des Aristoteles betrachtet, vergißt man die intelligenzaristokratische Einstellung des Aristoteles. Dieser Denker, der mit solchem Scharfblick auf die Welt schaute, auf das Reich der Natur und auf den Bereich des Geistes und der Kultur, war im Grunde ein Realist. Die Schwäche alles Menschlichen ist seit Homer immer ein bevorzugtes Thema gewesen[25]. – (B 106) οἱ ἀρχαιότεροι. Orphische Lehre, vgl. E. DODDS, Gorgias, Oxford 1959, 381; Kratylos 400e δίκην διδούσης τῆς ψυχῆς. – (B 107) σύζευξις, vgl. Phaidon 82e. – φασί, nämlich als etwas zu seiner Zeit noch Existierendes; ähnlich EN III 10, 1115 b 28 über die Kelten oder VII 6, 1148 b 21 über gewisse verwilderte Stämme am Schwarzen Meer. – διατετάσθαι, vgl. Phaidon 82e διαδεδεμένην ἐν τῷ σώματι καὶ προσκεκολλημένην. Nach C 106:2 = Ciceros Hortensius fr. 95 MÜLLER = Protr.

[24] Z. B. A. BARIGAZZI, Sulle fonte del libro primo delle Tusculane di Cicerone, RFIC 76 (1948) 184: „Anche in Aristotele nell' Eudemo quanto nel Protrettico era manifesta questa pungente brama di lasciar la terra dove non si vive la vera vita."

[25] Stellen und Nachweise bei DIRLMEIER MM 472 und EN 324. Vgl. auch W. SCHÜTZ, 'Ασθένεια φύσεως, Diss. Heidelberg 1964.

10b WALZER las Augustinus den Topos über die Etrusker *in extremis partibus Hortensii dialogi.* Einige Gelehrte, darunter S. MANSION a. a. O. 73 und H. FLASHAR a. a. O. 71 neigen dazu, diesen Abschnitt dem Dialog Eudemos zuzuweisen, was allerdings sehr wohl möglich ist. Man muß dann voraussetzen, daß Cicero in den Schlußworten seines Hortensius Exzerpte aus dem Protreptikos und dem Eudemos kombiniert hat, denn nach C 110:2 = fr. 10c WALZER las Augustinus B 110 (das unzweifelhaft dem Protreptikos gehört) *in fine dialogi Hortensii.* – προσκεκολλῆσθαι. Wahrscheinlich meint Aristoteles, daß alle wahrnehmenden Glieder des Leibes Leben besitzen. Der Satz steht – wenigstens formal – in Widerspruch mit De motu an. 703 a 36 μηδὲν δεῖν ἐν ἑκάστῳ εἶναι ψυχήν. – (B 108) οὖν kann sich nicht auf B 107 bezeihen. Etwas fehlt hier. – Die Ansicht, νοῦς sei das Göttliche im Menschen, ist traditionell, vgl. Diog. Apoll. 64 A 19 = Theophr. De sensu 42 μικρὸν μόριον τοῦ θεοῦ; H. DILLER, Hermes 76 (1941) 374–380. Vgl. auch PA IV 10, 686 a 28–29 ἔργον δὲ τοῦ θειοτάτου τὸ νοεῖν καὶ φρονεῖν. Etwas vorsichtiger Platon Ges. 875c. – (B 109) πρὸς τὰ ἄλλα (sc. ζῷα) θεὸν εἶναι τὸν ἄνθρωπον, vgl. Cicero De fin. 2, 13, 40 *quasi mortalem deum* = C 109:8 = fr. 10c WALZER und Epikuros Ep. ad Men. 125 = C 109:7 = Fußnote fr. 10c WALZER ζήσῃ δὲ ὡς θεὸς ἐν ἀνθρώποις. – (B 110) Die Worte εἴθ' Ἑρμότιμος εἴτ' Ἀναξαγόρας εἶπε τοῦτο betrachte ich als einen Zusatz von Iamblichos. Das zweite Zitat ist ein in der antiken Literatur fleißig zitiertes Euripidesfragment, 1018 NAUCK². Vgl. DIRLMEIER Eth. Nik. 591, Eth. Eud. 502–503. – ἀπιτέον ἐντεῦθεν. Zwei Stellen in Platons Schriften geben uns den Hintergrund zu den Schlußworten im Protreptikos: Gorgias 512ab und Theait. 176ab. Der Kernpunkt in diesen Stellen ist identisch: das, was das Leben wert zu leben macht, ist das Ausüben von ἀρετή und die Hingebung zur Philosophie: οὐκ ἄμεινον ζῆν τῷ μοχθηρῷ ἀνθρώπῳ· κακῶς γὰρ ἀνάγκη ἐστὶ ζῆν sagt Sokrates zu Kallikles. Zu Theodoros sagt er: οὔτ' ἀπολέσθαι τὰ κακὰ δυνατόν . . . διὸ καὶ πειρᾶσθαι χρὴ ἐνθένδε ἐκεῖσε φεύγειν ὅτι τάχιστα· φυγὴ δ' ὁμοίωσις θεῷ. Dem Gott gleich zu werden bedeutet δίκαιος καὶ ὅσιος μετὰ φρονήσεως zu werden, denn wer δικαιότατος ist, ist gleich dem Gott. Wir sollen uns natürlich nicht durch die antiken Ausleger irreführen lassen. Platon fordert nicht seine Schüler dazu auf, Selbstmord zu begehen in der Hoffnung, nach dem Tode Philosophen zu werden. Die Metaphern θανατῶσι οἱ φιλόσοφοι und ἐνθένδε ἐκεῖσε φεύγειν bedeuten, daß man das materielle Gute geringschätzen soll und das Lebensglück in der Philosophie und der Ausübung von ἀρετή suchen soll. Der Unterschied zwischen Platon im Theaitetos und Aristoteles im Protreptikos ist vollkommen klar: Platon legt den Schwerpunkt darauf, ein wahrhaft rechtschaffener und frommer Mann zu werden; Aristoteles hebt besonders den Wert der philosophischen Einsicht hervor. Der Unterschied zwischen den beiden Denkern geht aber tiefer. Platon war autoritär; G. MORROW[26] spricht von „the tragedy of Plato's intellectual predicament" und gibt als drastisches Beispiel Ges. 951c–952d: „wenn er den Vorschriften nicht gehorcht, soll er hingerichtet werden, sobald er vor Gericht überführt wird, daß er irgendeine Neuerung betreibe in Hinsicht auf Erziehung." Im Gegensatz zu Platon ist Aristoteles undogmatisch wie Sokrates[27], und συγγνώμη (B 103) ist bei ihm ein Ausdruck für seine Toleranz. Aristoteles ist m. E. in dieser Hinsicht in höherem Grad „sokratisch" als Platon[27]. Im letzten Satz im Protreptikos schließt sich Aristoteles einem Kernsatz des Sokrates an, nämlich daß ὁ ἀνεξέταστος βίος οὐ βιωτὸς ἀνθρώπῳ an[28].

[26] Plato's conception of persuasion, PhR 62 (1953) 234–50.
[27] H. FLASHAR a. a. O. 71, Fußnote 61, findet, daß ich in dieser Frage „zu weit" gehe. Ich bin aber überzeugt, daß meine Beurteilung richtig ist.
[28] Apol. 38a.

Zitierte Literatur

1. Ausgaben

A.-H. CHROUST, Aristotle: Protrepticus. A reconstruction. University of Notre Dame Press, Notre Dame, Indiana 1964.

I. DÜRING, Aristotle's Protrepticus. An attempt at reconstruction. Studia Graeca et Latina Gothoburgensia 12, Göteborg 1961.

W. D. ROSS, Aristotelis fragmenta selecta, Oxford 1955.

G. SCHNEEWEISS, Der Protreptikos des Aristoteles. Diss. München 1966.

R. WALZER, Aristotelis dialogorum fragmenta. Firenze 1934, nachgedruckt 1963.

Iamblichi Protrepticus. Ed. H. VITELLI. Teubner 1888.

Iamblichi De communi mathematica scientia. Ed. N. FESTA. Teubner 1891.

Proklos. In primum Euclidis Elementa commentarius. E. G. FRIEDLEIN. Teubner 1873.

2. Andere Literatur[1]

Aristotle and Plato in the mid-fourth century. Papers of the Symposium Aristotelicum held at Oxford 1957. Studia Graeca et Latina Gothoburgensia 11, Göteborg 1960.

Aristote et les problèmes de méthode. Communications présentées au Symposium Aristotelicum tenu à Louvain 1960. Louvain – Paris 1961. Éd. par S. MANSION.

Aristotle on dialectic. The Topics. Proceedings of the Third Symposium Aristotelicum. Ed. by G. E. L. OWEN. Oxford 1968.

A. BARIGAZZI, Sulle fonte del libro primo delle Tusculane de Cicerone. RFIC 76 (1948) 181–203.

J. BERNAYS, Die Dialoge des Aristoteles. Berlin 1863.

E. BERTI, La filosofia del primo Aristotele. Padova 1962.

E. BIGNONE, Importanti conferme all' Aristotele perduto. G & R (1937) 217–284.

E. BIGNONE, L'Aristotele perduto. I–II, Firenze 1936.

I. BYWATER, On a lost dialogue of Aristotle, Journ. of Philology 2 (1869) 55–69.

[1] Abkürzungen wie in L'Année philologique.

R. CADIOU, A travers de Protrepticus de Iamblique. REG 63 (1950) 58–73.

H. DILLER, Die philosophiegeschichtliche Stellung des Diogenes von Apollonia, Hermes 76 (1941) 359–381.

H. DILLER, Hippokratische Medizin und attische Philosophie. Hermes 80 (1952) 389–409.

F. DIRLMEIER, Aristoteles. Nikomachische Ethik. Darmstadt/Berlin 1956.

F. DIRLMEIER, Aristoteles. Magna Moralia. Darmstadt/Berlin 1958.

F. DIRLMEIER, Aristoteles. Eudemische Ethik. Darmstadt/Berlin 1962.

E. DODDS, Gorgias, Oxford 1959.

I. DÜRING, Aristotle in the biographical tradition. Studia Graeca et Latina Gothoburgensia 5, Göteborg 1957.

I. DÜRING, Aristotle on ultimate principles from nature and reality. Aristotle and Plato in the mid-fourth century 35–55. Studia Graeca et Latina Gothoburgensia 11, 1960.

I. DÜRING, Rez. von DIRLMEIERS Komm. zu MM, Gnomon 33 (1961) 547–557.

I. DÜRING, Aristoteles. Darstellung und Interpretation seines Denkens. Heidelberg 1966.

I. DÜRING, Did Aristotle ever accept Plato's theory of transcendent Ideas? AGPh 48 (1966) 312–316.

I. DÜRING, Aristotle's use of examples in the Topics. Aristotle on Dialectics. Proc. of the Third Symposium Aristotelicum. Ed. by G. E. L. OWEN, Oxford 1968.

H. FLASHAR, Platon und Aristoteles im Protreptikos des Iamblichos, AGPh 47 (1965) 53–79.

E. FRANK, The fundamental opposition of Plato and Aristotle. AJPh 61 (1940) 34–53, wiederholt in Wissen – Wollen – Glauben, Zürich 1955, 86–119.

K. v. FRITZ and K. KAPP, Constitution of Athens, New York 1950.

D. FURLEY, Review of RABINOWITZ, JHS 79 (1959) 178–180.

R. A. GAUTHIER et J. Y. JOLIF, L'Éthique à Nicomaque, I–III. Louvain 1958–1959.

O. GIGON, Kommentar zum ersten Buch von Xenophons Memorabilien. Basel 1953.

M. GRENE, A portrait of Aristotle. London 1963.

P. HARTLICH, De exhortationum a Graecis Romanisque scriptarum historia. Leipz. Studien 11 (1889).

W. Jaeger, Aristoteles. Grundlegung einer Geschichte seiner Entwicklung. Berlin 1923, nachgedruckt 1955.
W. Jaeger, Über Ursprung und Kreislauf des philosophischen Lebensideals. Sb Ak Berlin (1928) 390–421.
W. Jaeger, Aristotle's use of medicine as model in his ethics, JHS 77 (1957) 54–66.
E. Kapp, Das Verhältnis der Eud. zur Nik. Ethik. Freiburg i. B. 1912.
E. Kapp, Theorie und Praxis bei Aristoteles und Platon, Mn (1938) 179.
H. J. Krämer, Arete bei Platon und Aristoteles. AHAW 1959:6.
J. Léonard, Le bonheur chez Aristote. Ac. Belge Cl. de lettres, Mém. 44:1 (1948).
G. E. R. Lloyd, The role of medical and biological analogies in Aristotle's ethics. Phronesis 13 (1968) 68–83.
A. Mansion, Introduction à la physique aristotélicienne. 2. éd. Paris 1945.
S. Mansion, Contemplation and action in Aristotle's Protrepticus. Aristotle and Plato in the mid-fourth century. Papers of the Symposium Aristotelicum held at Oxford 1957. Studia Graeca et Latina Gothoburgensia 11, Göteborg 1960.
Ph. Merlan, Studies in Epicurus and Aristotle. Klassisch-philologische Studien 22, 1960.
J. D. Monan, La conaissance morale dans le Protreptique d'Aristote. RPhL 58 (1960) 185–219.
P. Moraux, Les listes anciennes des ouvrages d'Aristote. Louvain 1951.
G. Morrow, Plato's conception of persuasion. PhR 62 (1953) 234–250.
R. Oehler, Der Consensus omnium in der antiken Philosophie und der Patristik. Antike und Abendland 10 (1961) 103–129.
W. G. Rabinowitz, Aristotle's Protrepticus and the sources of its reconstruction. I, Berkeley 1957.
W. Schütz, 'Ασθένεια φύσεως. Diss. Heidelberg 1964.
W. Spoerri, Rez. von Rabinowitz. Gnomon 32 (1960) 18–25.
R. Stark, Aristotelesstudien. Zetemata 8 (1958).
R. Stark, Rez. von Düring Protrepticus. GGA 117 (1966) 55–68.
E. de Strycker, On the first section of fr. 5a of the Protrepticus. Aristotle and Plato in the mid-fourth century. Papers of the

Symposium Aristotelicum held at Oxford 1957. Studia Graeca et Latina Gothoburgensia 11, 1960.
E. de Strycker, Concepts-clés et terminologie dans les livres II–VII des Topiques. Aristotle on dialectic. Proceedings of the Third Symposium Aristotelicum. Ed. by G. E. L. Owen. Oxford 1968, 141–163.
W. Theiler, Zur Geschichte der teleologischen Naturbetrachtung, Basel 1924.
W. J. Verdenius, Traditional and personal elements in Aristotle's religion. Phronesis 5 (1960) 56–70.
W. J. Verdenius, Aristotle Protrepticus B84 Düring. Mn 3. IV, Vol. 15 (1962) 395.
F. Wehrli, Ethik und Medizin. MH 8 (1951) 36–62.
W. Wieland, Die aristotelische Physik. Göttingen 1962.
G. Zuntz, Interpretation of a Menander fragment, PBA 42 (1956) 222–223.
G. Zuntz, In Aristotelis Protrepticum coniecturae, Mn 11, 1958, 158–159.

Stellenverzeichnis